旧制度与大革命

[法国]阿列克西·德·托克维尔 著

李焰明 译

译林出版社

图书在版编目（CIP）数据

旧制度与大革命 /（法）阿列克西·德·托克维尔著；
李焰明译．—南京：译林出版社，2023.9
ISBN 978-7-5447-9712-2

Ⅰ.①旧… Ⅱ.①阿… ②李… Ⅲ.①法国大革命－
研究 Ⅳ.①K565.41

中国国家版本馆CIP数据核字（2023）第081391号

旧制度与大革命　［法国］阿列克西·德·托克维尔／著　李焰明／译

责任编辑　许　昆
装帧设计　胡　苨
责任印制　董　虎

出版发行　译林出版社
地　　址　南京市湖南路1号A楼
邮　　箱　yilin@yilin.com
网　　址　www.yilin.com
市场热线　025-86633278
排　　版　南京展望文化发展有限公司
印　　刷　江苏凤凰新华印务集团有限公司
开　　本　880毫米×1240毫米　1/32
印　　张　7.75
插　　页　4
版　　次　2023年9月第1版
印　　次　2023年9月第1次印刷
书　　号　ISBN 978-7-5447-9712-2
定　　价　66.00元

导读：《旧制度与大革命》告诉我们什么？

徐友渔

在最近一波阅读托克维尔的《旧制度与大革命》的热潮中，人们最受震惊和启发的是得知如下颇具讽刺意味的事实：革命前夕，法王路易十六是历代皇帝中最好的，政府尽量减轻人民的负担，社会达到旧时代最高度的繁荣，但是，

> 人们投身于革命并非总是因为其处境越来越糟糕。最常见的情况是，一个民族曾经毫无怨言地忍受最残酷的法律，并不觉得痛苦，而当法律的压力减轻时他们却猛然将它们抛弃。革命摧毁的制度几乎总是比它之前的那个制度好，经验告诉我们，对于一个坏政府来说，最危险的时刻通常就是它开始改邪归正的时候……人们耐心地忍受苦难，认为这是命中注定的，而当有人想要摆脱苦难时，它就变得无法忍受了。已经消除的种种流弊似乎让人更加清楚地意识到还存在着其他流弊，感觉也更加强烈。恶少了，这是事实，但是对恶的感觉却更加鲜明。（本书，第163页）

上面这段话打碎了我们的长期信念"压迫愈深，反抗愈烈"、

"蓄之既久,其发必速",也似乎印证了中国社会上流传甚广的俏皮话:"不改是等死,改是找死"。如果真是这样,那么托克维尔就是在指责法国统治者改进国计民生的措施,并把法国大革命的原因归结为社会状况和生活条件的改善。推而广之,如果改良或改革只是加深人民的不满和反抗,加速革命的到来,那么,那就是我们应该竭力避免而非大力促进的。

这样想当然是错的。托克维尔以上脍炙人口的话表现的不仅是思想上的机智,而且是政治上的深刻。

大革命前夕法国民众的感觉确实变了,但感觉的变化起因于思想意识的变化,思想意识的变化来源于地位的变化,而地位的变化是时代发展与社会变迁的结果,托克维尔的睿智在于洞察和分析了这一系列变化。

在大革命爆发之前,法国的社会经济发展走在欧洲的前列,是中世纪制度保留得最少的,与德国等国家不同,在法国大部分地方农奴制已经绝迹,农民来去自由,买卖不受限制,能随意处理自己的财产,可以用任何方式耕作。最关键的是,农民不仅不再是奴隶,而且成为土地的所有者。这是问题的关键,"如果农民不拥有土地,对封建制度压在土地所有者身上的多种负担便无所感知。什一税与佃农有何关系?佃农从租种的产品中提交就是了。地租与一个没有地产的人有何关系?经营中的种种剥削与一个替别人经营的人又有何关系?"(第33页)

另一方面,也正是因为法国社会发展的先进,贵族的地位也发生了变化。以前,贵族既享受特权,又承担管理的义务,他们在征收昂贵捐税的同时,确保公共秩序,执行法律,处理公共事务。后来,他们不承担管理的责任,单纯享受特权,这就使得他们的特权显得格外刺眼。"法国比较明显的特点似乎是,当贵族作为一个阶级丧失其政治权力时,贵族作为个人却获得了好些以前不曾拥有过的特权或扩大了已享有的特权的范围。”（第81页）在所有的这些特权中，最令人憎恶的是捐税豁免权，随着捐税数额的不断扩大，贵族享受的豁免权就非常引人注目。当贵族和其他人不再缴纳同样的捐税时，课税的基数与额度每年都会以一道清晰而精确的界线显示出阶级的区分，这加深了人们的分离和对立。

所以，托克维尔说：“封建制度的程度减弱了，激起的仇恨却更强烈，确实可以这么说：中世纪制度一部分被摧毁后，剩下的那部分就会让人感到无比憎恶。”（第34页）

一般认为，如果政府让人们有发财的机会，那么他们的兴趣会转移到这个方面，而不再热心于计较制度和政策的好坏，没有精力批评政府，但实际情况并非如此。“一方是国民，此群体内部发财的欲望与日俱增，另一方是政府，它不断激励这股新热情并不断制造麻烦，点燃它又把它压下去，就这样从两方面加速自己的灭亡。”（第165页）

正因为看到了大革命的爆发是历史进程的自然结果，所以，尽管身为贵族，托克维尔对于大革命还是持理解和同情态度，并以间接而委婉的态度加以肯定。他尤为赞赏体现在1789年第一阶段的革命初衷，“他们不只是要建立民主制度，还要创建自由制度；不但要消灭特权，还要承认权利并使之成为神圣权利。这是青春、热情、自豪的时代，充满慷慨和真诚的感情的时代，它有谬误，但会永远铭记在人们心中，并会在很长时间里让所有那些想腐蚀或奴役人类的坏人不得安宁。”（前言，第4页）

对于托克维尔来说，大革命值得批评的东西太多了，不过，在《旧制度与大革命》中，他没有像其他人常做的那样，谴责革命过程中的混乱、残暴、倾轧，没有以惊恐的口气描述暴民用长矛挑着人头游街，断头台超负荷运转。他紧紧抓住最根本的问题，不是描述，而是分析原因，“我试图证明以下几个问题：这些法国人因为哪些事件，哪些错误，哪些误判而最终放弃了原先的目标并在忘却自由的同时只想成为世界主人身边平等的仆役；为何一个比大革命推翻的政府更强大更专制的政府会重新夺得并集中所有权力，取消以如此高昂的代价换来的所有自由，以虚幻的图像取而代之……为何在剥夺民族的自治权，使人民丧失权利的主要保障，失去思想、言论和写作的自由——即1789年所有战果中最珍贵、最崇高的东西——的同时还自诩是个拥有自由的政府”。（前言，第4页）

法国大革命以彻底破除旧事物著称，它不但要破除旧制度，还要破除旧思想、旧风俗、旧习惯。但托克维尔指出，不论大革命如何激进，它的创新程度却远比人们普遍认为的要少。托克维尔着力论证的一个例子是在大革命之后，法国仍然有一个强大的中央集权政体。有人认为，行政集权是大革命的重要战果，《旧制度与大革命》用了大量篇幅，详细、全面地证明行政集权不是大革命的产物，而是旧制度的一部分。为什么大破除变成了大继承？“大革命临近，令所有法国人兴奋不已，在他们脑中激发出无数新思想，唯有中央政府能使这些新思想成为现实。大革命在推翻中央政府之前一直在发展它。它便也和其他一切事物一样臻于完善。”（第58页）革命后取胜的，并不是人们常说的1789年制定的原则，而是旧制度的原则。“1789年的人们推翻了行政集权这座大厦，但是其根基还留在推翻此大厦的革命者的心中，正因为有这个根基，人们才得以让它突然重新站立起来，并且比以往任何时候都更为坚固。”（第68页）

貌似激进实则保守，貌似新颖实则陈腐，古今中外，这种现象太普遍了。在中国的民国时期，鲁迅就用“城头变幻大王旗”来宣泄对于改朝换代但换汤不换药现象的悲愤。托克维尔用那么大的篇幅来论说行政集权的存续，显示了他高度的历史感和洞察力。

托克维尔对于法国大革命的深入分析和对于政治思想的独特贡献之一是他提出了文学政治或浪漫主义政治思维对于革命进程的影

响和指导，这也是他在众多大革命研究者中别具一格、独具慧眼之处。

托克维尔指出，在大革命中，作家、文学家、艺术家等——总而言之可以统称为文人——成了重要的、指导性的力量，因为法兰西民族对自己国家的事务漠不关心、缺乏经验，没有参政的机会，没有受过从政的训练，另一方面，文人们却对社会政治问题极其热衷；同时，它又是世界上最有文学修养和艺术鉴赏力的民族，所以，文人的威望和影响力格外大，与别国的情况不可同日而语，几乎全部政治教育都由文人来担当，几乎全部理念都由文人提供。但在托克维尔看来，很不幸，文人政治在大革命中的作用以负面居多，很多弊端都发源于此。

文人炮制政治思想体系和原则时不是基于人类事务的经验、传统和习惯，而是根据来自于理性和自然法的原理；文人在财产、人身、福利或自尊方面受到旧法律、旧权力的束缚，他们不像英国人那样在旧体制中从事点滴改良，而是从抽象的原则、理想和理论出发构想全新的体制，他们的思想方法是二者择一：要么忍受一切，要么彻底摧毁。文人们虽然可以在讨论政治时夸夸其谈，但他们其实对于实际政治一窍不通，他们没有经验，不了解现实，不知道变革社会会出现什么障碍，遇到什么问题，需要注意什么细节，他们的思想天马行空，方案大而化之，性情言论浮夸而情绪化。文人的毛病传染给大众，激情充斥了大革命，理性被抛到九霄云外，结果是大混乱和大破坏。

如果以为托克维尔在这里是站在反智主义立场表达对于文人的嘲弄和厌恶，那就大错特错了。托克维尔客观、公正而又深刻地看到，根本原因是革命前法国缺乏公共政治生活。没有哪个人、哪个民族是天生懂政治的，法国的文人和民众任由抽象的一般原则指引，任由浪漫的情绪支配，是因为他们在专制制度下没有投身于政治生活的机会，不可能积累知识和经验。托克维尔还指出，连贵族和资产阶级也被排除在公共生活之外，而更令人惊讶的是，甚至那些高级官员，譬如大臣或总督，虽然精通本职工作，对于政府内部的运作详情了如指掌，但一旦涉及安邦治国这门科学，涉及判断社会动向和群众情绪，他们同样是一窍不通。所以，整个民族上上下下对政治的无知是制度造成的，只有自由的政治制度才可能避免上述毛病，造就合格的公民。

长期以来，统治者都把文化人和民众不会搞政治当成自己统治合法性的根据。人们一有怨言，一发出批评，他们马上顶回去："你来干干试试，肯定还不如现在！"他们把自己似乎是不可取代的统治力量偷换成自己不应该被取代的说辞。其实，造成一种制度或格局，使得各个阶级、各个阶层的人与政治和公共生活隔绝，不但现在不能参与政治，而且以后也不能参与政治，这本身就是应该追究的问题。因为，社会或迟或早总会发生大变动，使绝大部分国民对于变革没有准备，不负责任或负不起责任，这是对民族和历史的莫大罪过。

对于托克维尔，法国大革命在某种意义上说是一场悲剧，因为它的初衷没有实现。作为擅长在精神和思想层面进行深层次剖析的政治理论家，托克维尔指出，大革命失败的深刻原因是，为革命提供理论准备和观念资源的哲学家、思想家、政治经济学家在公共自由这个维度上有严重欠缺，对于由之派生的权利、规则和制度安排陌生和隔膜。

法国大革命的精神导师、启蒙运动的主要代表伏尔泰感兴趣的是文学自由，而不是政治自由；政治经济学家们对于契约和个人权利不屑一顾，在他们看来，本来就不该有个人权利，应有的只是公益事业；他们也不赞成权力制衡的想法，认为那是有害的和虚幻的。在他们看来，对付滥用权力的唯一办法是公共教育，他们认为国民受到教育，专制制度就不能产生。为了提高国民的素养，政府需要向他们灌输某些思想，国家有不受限制的权力改变人，创造新人类。政治经济学家们期盼的是无限强大，可以改变社会形态的政府，而自以为热爱自由的民众向往的是社会革新，而不是获得自己的权利。为了自由，他们设想了不少关于政府的观念，而这些观念不仅与自由不相符，而且几乎势不两立。比如，他们想要一个拥有无限权力的政府来领导国家，个人在其中受政府的保护。

对自由的挚爱是托克维尔写作《旧制度与大革命》的出发点和归宿，是本书的基调和原则，他在不止一处饱含感情地讴歌自由，为唤起法国人对于自由的爱发出劝诫和呐喊。他在本书的前言中说，唯有自由能使公民摆脱孤立，唯有自由能使人们感到温暖，唯有自由能使他们脱离金钱崇拜状态，唯有自由能以更有活力、更崇高的激情取代对于安逸的迷恋，唯有自由能创造光明。中国人并不缺乏对于自由的礼赞，匈牙利诗人裴多菲的诗句“生命诚宝贵，爱情价更高，若为自由故，二者皆可抛”曾令多少青年血脉偾张、抛洒热泪！但是，中国人对于自由的理念应如何落实为制度安排以保障它的价值，对于自由与法治、自由与平等的关系，对于自由的口号有可能包藏的陷阱，则鲜有真确的认识。我们现在的任务不是要认识或重新认识自由的价值，而是要在政治（而非文学或伦理）层面、制度层面加深对于自由的认识。在这方面，托克维尔的《旧制度与大革命》具有不可估量的价值。

最近20来年，中国的知识界、学术界、读书界的认识和风气发生了令人瞩目的变化，取得了长足进步，托克维尔的《旧制度与大革命》（以及他的另一部名著《论美国的民主》）与埃德蒙·伯克、贡斯当、哈耶克、以赛亚·伯林等人的著作起了明显的作用。当我们谈论文明或文化复兴的时候，托克维尔的著作给我们提供了参照框架和范例，读他的书，我们就知道什么叫才气，什么叫洞见，什么叫原创。

目　录

导　论

《旧制度与大革命》影响史资料

托克维尔曾于1850年12月26日从索伦托[1]给他的朋友居斯塔夫·德·博蒙写信，信中说："很久以前，就像你所知道的，我就想着要写一部新书。我始终认为，如果我必须在这世上留点自己的什么痕迹的话，那一定是我的文字，而不是我的行动。此外，我觉得自己现在比十五年前更适合写书。于是，我走遍索伦托群山，开始寻找主题。我需要的主题应该是当代的，能为我提供一种将事实与思想、历史哲学与历史本身结合起来的手段。这些对我而言就是产生问题的环境。我经常想到第一帝国，如果说法国大革命是一部剧，那么第一帝国便是其中特殊的、还没有收场的一幕。但是，当我看到一些难以逾越的障碍，尤其当我想到自己似乎是要修改别人的名著，我常常就失去了勇气。但这一次，主题却是以一种新的且在我看来更易懂的形式呈现在我眼前。我认为与其写第一帝国史，不如力争指出并解释重大事件的起因、特点和意义，它们是构成那个时代链条的重要环节。可以说，事实只是一个牢固而持久的基础，我的所有思想都是建立在此基础之上的，既有我对那个时期，之前和之后的时代及这些时代的特点的思考，也有我对生活于其中的杰出人物及其为法国大革

1　意大利南部城镇。

命运动指明的方向的看法，以及我对民族的命运及全欧洲的命运的关注。可以就此写一本小书，或许只有一两卷，但饶有趣味并且有可能成为一部重要的书。我全神贯注于这新的环境，头脑有点发热，我发现了许多不同的观点，而它们起初并没有给我深刻印象。一切都还只是一片云，在我的想象中飘来飘去。你是怎么看待这主题思想的？”

托克维尔的另一封信比上述文字更能彰显作者的意图，这封信是写给路易·德·凯尔戈尔莱伯爵，并且也是从索伦托发出的，日期是1850年12月15日。我们在信中读到：“重写一部大作，此念头由来已久，可以说挥之不去。我感到自己真正的价值尤其在思想领域，我的思维活跃，行动却不足。如果将来这世上会留下一点关于我的东西，那一定是我写的书，而不是对我所作所为的回忆。过去的十年从许多方面来看，我都没有什么大的成就，却让我对人类事务有了更加真实的了解，更关注细节，并依然保持着纵观人类事务的习惯。比起写《论美国的民主》那会儿，我觉得自己现在更有能力去处理政治文学的某个重要问题。但选什么主题呢？成功的几率多半在此，因为不仅要选一个读者都感兴趣的主题，更应发现一个令我振奋、让我不吐不快的主题。我是这世上最不愿为利益而违背自己的思想和趣味的人，如果我从所做的事中找不到极大的快乐，那就会连个普通人都不如。所以，近几年我常常寻找（至少是当我还有一点安宁，可以观察四周，看到我投身其中的那场小论战之外的东西），看可以从哪个主题着手，但没发现一个完全符合我的意愿、让我惊喜的主题。然而，青春已逝，时间在走，或者更确切地说，时间在壮年之坡奔跑。生命的种种限度更明了，近在咫尺，活动范围受到限制。所有这些思考，也可说所有这些纷乱的思想，都自然而然地促使身居僻静之地的我更严肃更深入地寻找一部书的主题思想。我极想把脑海里涌现的这些想法告诉你并征求你的意见。我只能考虑某个当代主题。其实，惟有我们这个时代的事情既能引起公众的关注又能让我动情。今日世界的景象既壮观又奇特，吸引了太多的注意力，以致历史性事件未能被赋予众多价值，因而只能满足有闲社会和博学阶层的需求。当代问题很多，到底选哪一个呢？最新颖且最符合我的天性和理解习惯的当是对当代的一系列思考和概述，对我们现代社会的自由评价以及对这个社会未来种种可能性的预见。但是，当我来这里寻找此种主题之症结——即该主题所引发的所有思想相遇并相连的那一点——时，却没有找到。我看到一部作品的诸多部分，却看不见整体。我有经纱却没有纬纱，织不了布。我必须在某个地方为我的思想找到牢固而持久的事实基础。我只能在写历史的时候才能碰到它，因为当致力于某个时代时，我可以在讲述这个时代的同时描绘我们时代的人和事物，将这些零散的图拼成一幅完整的画。可以提供这个时代的惟有法国大革命这部长剧。我早就有个想法（我好像跟你讲过），要从1789年至今这段时间（我继续称之为法国大革命）里选取第一帝国的十年，这也是大革命这令人难以置信的壮举之诞生、发展、衰落和灭亡的时期。我越是这么想就越认为要描述的这个时代选得或许还不错。说到这时代本身，它不仅伟大，而且独特，甚至是独一无二的。然而，直到今天，至少在我看来，对第一帝国时代的描述都带有虚假或庸俗的色彩。此外，这个时代不仅照亮了之前的时代也启发了之后的时代。使人能对大革命全剧做出正确评价并就该剧的整体说出人们对此可能想要说的，一定是大革命的一幕。我感到困惑的不是主题的选择，而是论述方式。我最初的想法便是按自己的方式重写梯也尔先生[1]的著作，写第一帝国的作用，只是注意不要长篇大论地讲军事那部分，这部分已在梯也尔先生的笔下很友善且很有才华地得以再现。但是，就在我这么想的

1 梯也尔（1797—1877）：法国政治家、历史学家。法兰西第三共和国首任总统。著有《执政府与帝国史》。

时候，我突然对用这种方式处理主题深表怀疑。因此从这个角度看，该作品将是一件需要付出长期努力的事情。此外，历史学家的最大长处是善于把事件串联起来，我不知道这门技巧是否在我的能力范围内。到目前为止，我最大的成就便是对事件作判断，而不是简单地叙述事件。而在这种严格意义上的历史中，我自认为拥有的这种能力却用得越来越少，并且只是附带着用（除非在历史体裁之外），而且会使叙述变得累赘。最后，这还会给人一种矫揉造作的感觉，仿佛重走梯也尔先生刚走的路。读者很少会因为这些企图感激你，因为当两位作家论述同一主题时，读者自然会认为第二位作家没有什么可以告诉他的了。这些便是我的疑虑，我跟你讲，想听听你的看法。

“紧接着这第一种对待主题的方式，我的脑海里又涌现出另一种方式：我要写的不再是一部长篇巨著，而是一本非常小的书，或许只有一卷。准确地说，我不再写第一帝国史，而是对这段历史作整体的思考和判断。我将指出事件，这是毫无疑问的，我会遵循事件的连贯性，但我的主要任务不是讲述事件。我特别想让人们了解最重要的事件，看到引发这些事件的各种原因。第一帝国是怎么到来的；它怎么会在大革命所创造的社会中被建立；它使用了哪些手段；创建第一帝国的那人，其真正的本性是怎样的；他成功的秘诀，失败的原因；他对世界命运，尤其是对法国命运所产生的短期影响和长远影响。我觉得这里就有制造一部非常伟大的著作的素材。但困难是巨大的。其中最令我头痛的一个困难就是将严格意义上的历史与历史哲学糅合在一起。我还不知道怎样将二者结合起来（但这二者必须结合在一起，因为人们会说前者是画布，后者是颜料，而作画必须同时拥有这两样东西）。我担心一方会损害另一方，担心自己缺乏那种必不可少的准确选择事件的极大的本领，这些事件应当说能够支撑思想。此外，叙述既要翔实，让读者顺着饶有趣味的陈述从一种思考被引向另一种思考，但又不能过于繁琐，以突显本书的特点。这方面无与伦比的典范便是孟德斯鸠论罗马兴衰的那部作品[1]。罗马的兴衰可以说是通过整个历史显现的，然而，人们发现罗马的历史还有许多东西需要作者加以解释才能理解。抛开这一点即某些伟大的经典远远好于所有仿作不谈，孟德斯鸠在他的书中也发现了本不应有的不足。

孟德斯鸠关注的是一个极宽广极遥远的时代，他能做的只是选择一个比一个更遥远的最重要的事件，并对这些事件只说最普遍的东西。如果他把自己的研究限定在某十年内并通过大量详细而确切的事实探索自己的道路，那么该著的难度肯定会大很多。

"上述这番话是想让你充分了解我的精神状态。我刚才跟你讲的所有这些想法令我振奋，但我的思想还处在一片黑暗中，或者仅仅有些微光，只能让我看到主题之重大，却无法辨别这广阔空间里具体有哪些事物。我非常希望你帮我明察一切。我敢说我比任何人都有能力把某种伟大的精神自由带进类似的主题中，客观而毫无保留地谈论人和事物。因为说到人，尽管他们曾生活在我们这个时代，我可以肯定我对他们既没有爱也没有恨。至于人们所说的宪法、法律、朝代、阶级这些事物的形式，如果不考虑它们所制造的效果，可以说它们在我的眼里是不存在的（我不说它们是没有价值的）。我没有传统，没有党派，也没有事业，除了自由和人类尊严的事业。对此我可以保证。对于这种工作来说，类似的倾向和天性是有益的，而当事情涉及的是介入人类事务而非仅仅谈论时，这些倾向和天性常常是有害的……"

没有人比本书作者能更加清楚地指出《旧制度与大革命》创作的目的和方法了。或许应当指出，托克维尔曾在两封信中提到最令他头痛的那个困难即"将严格意义上的历史与历史哲学糅合起来"。其实，他这部著作无与伦比的特点就是这种"糅合"。在托克维尔之

---

1 即《罗马盛衰原因论》。

前或之后所写的所有法国大革命史都被注明了日期，打上了作品产生的时代烙印。而托克维尔的这部著作始终具有现实性且经久不衰，因为这是一部比较历史社会学著作。维科的《新科学》，孟德斯鸠的《论法的精神》，布克哈特[1]的《世界史之思考》，这些著作都不曾过时，即便我们的历史学方法或社会学方法变得更加专业化。《旧制度与大革命》当属此类经典著作，这是毋庸置疑的。

历经五年的深入研究，1856年6月，托克维尔的《旧制度与大革命》终于付梓。差不多是同时，该书由亨利·里夫译成英文在英国出版，此人是托克维尔的朋友，《论美国的民主》的译者，他的表妹达夫·戈登女士对该书的翻译给予了帮助。"她的翻译完美无缺。"里夫于1856年4月27日写信给托克维尔说。他还在这封信中对托克维尔说："我对你寄来的那些章节进行了细致的研究，久而久之我对它有了深入的了解并为之陶醉。其中的一切都像一部艺术品给人以强烈印象，我从中又看到了希腊雕塑的痕迹和真貌。"里夫是托克维尔这部著作的第一位读者。他认为《旧制度与大革命》对于托克维尔的重要性如同《论法的精神》在孟德斯鸠作品中所占据的地位。（1856年5月20日里夫致托克维尔的信。）

从1856年到1859年即托克维尔逝世那年，《旧制度与大革命》在法国再版了四次：1856年两次，1857年一次，最后一次即本书所依据的那个版本是1859年，但在1858年12月已出版。这是第四版，1860年出了另一个版本，也称为第四版。一个被误称为第七版的新版本由居斯塔夫·德·博蒙于1866年出版，作为其编订的《托克维尔全集》的第四卷。我找到了1866年以后发行的所有版本，出版年代分别为1878年、1887年、1900年、1902年、1906年、1911年、1919年、1924年、1928年、1934年。《旧制度与大革命》在法国共有16个版

---

1 布克哈特（1818—1897）：瑞士文化历史学家，致力于文化艺术史与人文主义的研究，强调研究文化艺术对了解人类历史的重要作用，主要著作为《文艺复兴时期的意大利文化》。

本，计25 000册。在英国，里夫的版本于1873年再版，增加了七章，均选自《托克维尔全集》（博蒙编订）第八卷。里夫的第三个版本于1888年发行。1904年，牛津克拉伦登出版社出版了《旧制度与大革命》的法文版，由G. W. 黑德勒姆作导言并加注，此版本于1916年、1921年、1923年、1925年、1933年和1949年重印。此外，巴兹尔·布莱克韦尔书店在帕特森的支持下于1933年出版了《旧制度与大革命》的新英译本，遗憾的是没有托克维尔为该著加的那些重要的注释，此版本于1947年和1949年两次被重印。《旧制度与大革命》至今在英国已有13个版本。该书已成为英国文化不可缺少的部分。这个现象不难解释。20世纪初，牛津大学就将《旧制度与大革命》指定为教科书，即历史系和社会学系学生的基础教材。在美国，托克维尔的这部著作也于1856年以*The Old Regime and the Revolution*之名出版，译者是约翰·邦纳，出版社是哈珀兄弟。德文译本也在阿诺德·博斯考维茨的关怀下于1856年出版，出版商是莱比锡的赫尔曼·门德尔松。

就《旧制度与大革命》的思想对当代读者产生的影响写一本书，并非难事。我在此只是指出一些前后关系而已。夏尔·德·雷米扎在前引那篇谈论他的朋友托克维尔的著作的文章中写道："应当记住他第一部著作的主要思想。二十多年前当他把这思想用于欧洲时，他在论述美国的那部著作的结尾是这样总结的：'在我看来，那些认为重新找到了亨利四世或路易十四的君主制的人都丧失了理智。就我而言，我对好几个欧洲国家已经达到的状况和所有其他欧洲国家即将达到的状况进行了分析，认为在不久的将来欧洲国家不是实行民主自由[1]就是独裁专制。'此想法由来已久，正因此，他从那

1　雷米扎在一条注释中补充道："不要认为作者的这个表达专指共和政体下的自由。他在同一章里肯定地说，他认为在美国以外的其他地方可能存在着一种君主制、民主制和自由合为一体的政体。"——原注

时起就研究事物的强与弱，缩小普遍性，划定运用范围或验证准确性。但是民主始终在他看来是当代世界的主要事件，是未来现实社会的危险或希望、伟大或渺小。他在新著的前言里以活泼、激动人心的方式对民主原则开始占上风的种种社会之特点进行了概述。勾勒这幅画的是一只坚定、稳当的手，它既不夸张也不忽略什么，善于将构图的精确与色彩的真实结合在一起。从中能看到画家以其才华保留了自己的观点。他既没有改变体系，也没有改变方法或思想。二十年的经历以及为写此书耗费的四年的研究和思考都没有改变他的信念。向他致敬！他始终坚持自己的想法。"关于这一点，托克维尔的另一位朋友让-雅克·安培还可以作证："托克维尔先生曾出任议院议员并转入政权，他以经验论证了自己的理论，使其信念带有自己个性的威望。如今，他又利用当前环境为他提供的充裕时间思考一个比美国民主更重大的事件，即法国大革命。他想解释这个大事件，因为他的精神需求就是在事物中探寻事物的理由。他的目的是通过历史来揭示法国大革命是怎么从旧制度中产生的。为此，他试图恢复并重建法国旧社会的真实情况，他之前的人都没有想到这点。这是一部取自原始资料并以若干省份的手稿为依据的真正博学的著作：书末那些富于真知灼见的注释最有说服力。这项工作本身尽管非常重要、极其有教益，但在这位有勇气动手并继续做下去的人看来，却只是一个手段而已，以此对法国大革命作历史性的解释，理解法国大革命并使人们理解它。"

对于安培极其详细的报告，我们只记得这些话："当我们在托克维尔先生的这部书里看到，几乎所有被视为大革命成果或者就像人们所说的大革命战果的东西在旧制度下早已存在。行政集权，行政监督，行政习惯，针对公民的官员保障制，职位的多样性和迷恋职位，征兵，巴黎的优势，财产的过度瓜分，所有这些在1789年前就已存在。此后便不再有真正的地方生活。贵族只有头衔和特权，对环境不再产生丝毫影响，一切都由枢密院、总督或总督代理操纵，也可以说由参政院、省长和专区区长操纵。某市镇申请重建本堂神甫住宅或建造钟楼，至少需要一年时间才能得到中央政府的批准。这种情况一直没有改变。领主不再掌权，市政府便也不能发挥更多的作用，除了少数几个三级会议省，关于这几个省的情况，托克维尔先生的著作里有一个翔实的附录[1]。自从路易十四将市政官员职位投入交易市场，即可以出售官职（这场伟大的革命没有政治目的，只是为了捞钱，正如托克维尔先生所说，此次革命无颜载入历史），各处，真正的城市代议制已消失。中世纪的英雄市镇被搬移到美洲后变成了美国的‘township’（小镇），这些小镇自行管理和自治，法国的市镇却处于无政府状态。官员为所欲为，为了使他们更便利地推行专制政治，国家对他们的保护可谓无微不至，以免他们受到那些被剥夺应有权利的人的攻击。当你读到这些时，你就会寻思大革命究竟改变了什么，为什么会发生大革命。而其他章节对大革命发生的原因以及它是怎么变成这样等等做了很好的解释。”

说到托克维尔这部著作的风格，著名的比较文学史学者是这样说的：“我几乎不敢在一部如此严肃的著作中赞赏其种种纯文学特性，然而我不能否认该作家的风格因此而突显了。此风格变得更加遒劲也更加温和。其作品中，严肃性与敏感度并不是不相容的，读者在读那些最深奥的论述时也会碰到某个小故事或某个以幽默化解愤怒的有趣笔触。内心的激情在这些充满极其新颖、极其明智的理性的篇章中奔流，一个高贵的灵魂之激情使这些篇章总是充满生气。我们仿佛听见一种真实而诚恳的语调，不带幻觉也不粗暴，使我们在作者身上看到人类的荣耀并唤起我们的同情和尊敬。”（J.-J. 安培，同上书）

1 即本书附录“论三级会议各省，尤其是朗格多克省”。

从那时代的私人通信中甚至也能看到托克维尔这部作品的影响。居维利埃-弗勒里就曾给奥马勒公爵写道："你读过托克维尔的《旧制度与大革命》吗？我认为该书很有见地，某些部分显示出作者学识过人，具有（孟德斯鸠式的）才华。但是该书的结论有些模糊，似乎是在谴责人们对法国大革命缺乏真正的同情，尽管其中充满了对暴虐最显著的憎恶。不管怎么说，该书的结论（甚至不顾作者的看法）是这样的：法国大革命是由最正当的理由引发的，上层阶级的性情使大革命成为一件不可避免的事，人民的个性则使大革命变得不可抑制，人民在大革命中表现得既无比愤慨又很有理性。至于我，这足够了。从文学角度看来，该书的错误在于以创始人的语气把早已揭示出来、被大多数人所了解的某些事实当作新发现，尤其是格拉涅尔·德·卡萨尼亚克在《法国大革命缘由史》值得注意的第一卷里揭示的某些真理……"奥马勒公爵回信说："……我本想和你谈谈托克维尔先生的书，我刚读完。我饶有兴味地读完了它，认为此书很有价值，尽管我并不完全赞同作者的观点，而且不觉得他在书中所说的一切都具有新意。现将我的读后感概括如下：

"托克维尔先生指出法国大革命是不可避免的，而且是正当的，尽管存在着暴力。唯有它能消除流弊，并如作者所说，解放人民，解放农民。法国大革命创造了某种过度的中央集权和许多专制工具，对此托克维尔表示了谅解，因为这些在大革命之前就已存在。法国大革命摧毁了能够遏制无政府或专制的制衡力量，对此他也表示了谅解，因为这些制衡力量在大革命前就已消失。但他带着某种真实性指责大革命至今尚未创造出任何制衡力量，至少，在旧制度下，此制衡力量的作用还是很明显的。他指责大革命恢复了旧制度的全部政府机构并造成了一种情形，以至于六十年后我们第二次（上帝知道还有多少次）又被置于专制政体下，且比旧的专制政体更合理、更平等，但无疑也更彻底。

"该著的缺点是没有结论。语气有些悲观,没有充分展现好的方面,没有给出治病的良方。向人民说真话是好的,但不要用令人失望的语气,尤其不应该像是在对一个伟大的民族说她不值得拥有自由。这会让统治者、奴颜婢膝的人和利己主义者欣喜若狂。

"尽管存在着以上不足,这仍然是一部好书,我很喜欢,并且认为该书无论是在内容上还是在形式上都值得赞扬。因为,就像你说的那样,人们在书中感受到了专制真实的恐怖气息,敌人就在那里。旧制度已死亡,一去不复返,但千万不要认为人们只能在旧制度的废墟上建立专制政体或无政府——这些是大革命的私生子。唯有自由才是大革命的合法女儿,总有一天它会借助于上帝的力量驱逐所有入侵者。"(《奥马勒公爵与居维利埃-弗勒里通信集》,四卷本,巴黎,1910至1914年,卷二,第333页及随后几页。)

既然《旧制度与大革命》也被译成了英文出版,我们也应该谈谈它在英国的接受情况。我们曾说到亨利·里夫,他是那个时代最重要的英国杂志《爱丁堡评论》的社长和《泰晤士报》的社论作者,他对该著的热情赞誉具有不容忽视的分量。他的朋友G. W. 格雷格在《泰晤士报》上发表了两篇文章,这是一份重要的报纸,那时乃至今天始终为舆论定基调。我援引其中的一段话:"大胆发表某个预言变得格外谨慎,因为情况瞬息万变使得事件不会如期而至。不过,即便如此,我们还是可以大胆地说,托克维尔先生的荣耀将日益增长,后世会不断对他同时代人的评价进行扩充……"格雷格对该著作了详细的分析,此文总有一天会被列入阿列克西·德·托克维尔研究丛书出版。他在这篇影响深远的论文结尾写道:"我们认为已经向读者指出托克维尔先生写了一部非常重要的著作,里面几乎全是不为我们所知的事实,并由此产生了一些可谓新发现甚至可称作具有永恒价值的新发现的历史观。然而,这本书只是他向我们承诺、援用其所有调查的那部著作的一部分,因为该卷和之前论美国的那几卷只是（如果我们理解得对的话）同一活动即他毕生的文学活动的零散部分，此活动目的是从社会发展的现阶段评判未来社会的前景。”

乔治·康沃尔·刘易斯先生是托克维尔的朋友、英国财政大臣和著名学者，他感谢托克维尔给他寄去《旧制度与大革命》，他在1856年7月30日给托克维尔的一封信中写道：“这是我读过的唯一能满足我精神需求的书，因为它对法国大革命的起因和特点给出了一种完全真实而合理的看法[1]……”关于托克维尔的这部作品在英国受到欢迎的情况，还有许多例子，我们还是暂止于此。

现在举几个《旧制度与大革命》对后世的影响的例证。达尼埃尔·阿莱维在他那本引人注目的小书《法国大革命150周年简史》（巴黎，1939年，第24页）中写道：“必须提及一部伟大的著作，作者是托克维尔……1856年，托克维尔发表了《旧制度与大革命》，该著产生了极其深远的影响，我们以后再谈这部著作。”而我要谈的正是这种影响。

我们在为《论美国的民主》所附的参考书目（卷一，第二册，第389页）中已经指出，制定1875年宪法的那代人的政治教育深受托克维尔、布罗伊和普雷沃-帕拉多尔的著作影响。布罗伊公爵的《论法国政府》（巴黎，1870年）再现了《旧制度与大革命》的气氛，许多参考资料证明了这一点[2]。

托克维尔对泰纳[3]影响是巨大的。你仔细阅读《当代法国的由来》，就会发现很多语录出自托克维尔的《旧制度与大革命》。（例如泰纳的《旧制度》，第三版，巴黎，1876年，第99页。）在《当代法国的

1 参见乔治·康沃尔·刘易斯的《1770—1830年的英国政府史》（1867年，巴黎）中有关刘易斯的生平介绍。——原注

2 这部作品于1861年出版，印数极少，遭到皇家警察的查封。——原注

3 泰纳（1828—1893）：法国文学评论家、历史学家、实证主义哲学家，著有《英国文学史》、《艺术哲学》等。

由来》这部书里，泰纳写道："在法国建立中央集权制的并不是大革命，而是君主制。"泰纳在这里给他的文本加了下面这个注释：

"参见托克维尔的《旧制度与大革命》第二编，这个重要的事实是由托克维尔先生以非凡的洞察力建立的。"另外请参见《当代法国的由来》一书的附录——《泰纳的生平与通信》（第三卷，巴黎，1905年），此附录是泰纳为该书所做的筹备记录的节选，附录中含有对托克维尔著作的引注（参见第300页、第319页）。托克维尔的著作对泰纳产生了影响，对此进行深入的研究无疑是一件有意义的事。维克托·吉罗具有真知灼见的论著《论泰纳的著作及其影响》（巴黎，1932年）只是对此做了一个大致的描述。吉罗写道："……要想准确而详细地彻底弄清泰纳从托克维尔著作中那些文献、丰富的阐述、概述与详细描述中受到了哪些启发，可能需要很长的篇幅。泰纳在书中涉及的主题正是托克维尔……原本打算阐述的全部主题。但是，他只完成了《旧制度与大革命》这部巨著的第一部分；接下来的部分本应是非同凡响的，而我们却只读到'注释'、断断续续的感想、未经斟酌的章节，以及某个思想在最活跃的时候却因作者的死亡而突然中断，留下的一些简短却有分量的草稿（参见紧接本卷之后的《旧制度与大革命》的第二部分）。泰纳运用这些零散的材料，在更加广阔的基础上重建这座未完成的大厦；他以丰富而华丽的风格取代了原始建筑物刻板的线条和有些不加修饰的庄严；但是这座原始大厦的某些重要部分，甚至总蓝图都被保留下来。《当代法国的由来》探讨的是大革命在我们先前的整个历史中最深刻的根源，该书的主导思想也就是托克维尔《旧制度与大革命》这部著作的主导思想；我几乎可以断定，泰纳的'地方分权'的种种趋势在很大程度上都来自他的这位有洞察力且大胆的前辈。"正如我刚才所言，对托克维尔与泰纳还需要做进一步的研究。这两位思想家的差异或许可以从他们的知识结构中得到答案。托克维尔首先是以其个人的经历接触社会学问题的，而后又对行政史与法律进行了深入的研究，而泰纳所受的教育尤其是在文学、哲学和艺术方面。请允许我在此插入一段泰纳有关政治哲学的言论，这段话出自《H. 泰纳的生平与通信》（第二卷，巴黎，1904年，自第263页起）。泰纳在1862年10月的一封信中写道："我在政治与宗教上有一个理想，但我知道这在法国是难以实现的；这就是为什么我此生只能做个思辨家而非实践者的缘故。施莱尔马赫[1]时代的德国，或者可以说是当今的英国所出现的自由新教，再或比利时、荷兰、英国当今的地方与市镇自由，最终形成了中央代议制。但是新教与法国人的天性格格不入，地方政治生活也不符合法国的所有制结构和社会结构。除了缓解过度的中央集权，说服政府从自身利益出发给与一定的言论自由，减少天主教与反天主教的暴力行为，适应人民的性情以外，别无他策。必须将政府的力量转向其他方面：转向纯科学，转向优美的风格，转向艺术的某些领域，转向优雅的技艺，转向上流社会的舒适生活，转向无私而普遍的伟大思想，转向全民福利的增长。"（参见安德烈・谢弗里荣所著《泰纳的思想之诞生》，巴黎，1932年；E. C. 罗所著《泰纳与英国》，巴黎，1923年；A. 奥拉尔所著《泰纳，法国大革命史学家》，巴黎，1907年；奥古斯坦・科尚所著《大革命史学的危机》，载《思想与民主的社会》，巴黎，1921年；海因里希・冯・西贝尔所著《旧国家与法国大革命》，载《小历史论文》，斯图加特，1880年，自第229页起。）西贝尔本人就写过一部关于法国大革命的重要作品，他在其中对《当代法国的由来》第一卷进行了分析，读者时常被引向托克维尔的那部"名著"。（参见H. 冯・西贝尔所著《大革命史，1789—1800年》，十卷本，斯图加特，1897年。该书的第一卷发表于1853年。）

我们知道，泰纳的《当代法国的由来》是受1871年法国战败和

1 施莱尔马赫（1768—1834）：德国哲学家、神学家，现代基督教新教神学的缔造者。

巴黎公社的启发；与《旧制度与大革命》相比，泰纳的这部著作更多的是从社会学角度对比较政治学进行的一项研究。托克维尔对西方世界普遍运动的趋势进行预测，而泰纳则是从法国社会革命的角度来探讨这一主题。

1864年，菲斯泰尔·德·库朗日的《古代城邦》问世。该书打上了《旧制度与大革命》的深深烙印。1896年，C. 朱利昂出版了一部教材《19世纪法国历史学家文选》（本书所引段落出自1913年第七版）。他在这部珍贵的教材中写道："说到菲斯泰尔·德·库朗日所受到的历史影响，人们首先推测他是受到了孟德斯鸠（关于政体的研究）的影响，或许还有米舍莱[1]的影响，但更多的是托克维尔（关于社会生活中宗教感的作用）的影响。《旧制度与大革命》对菲斯泰尔的才华产生了决定性的作用不足为奇：在《古代城邦》中，我们看到了同样的叙述方式，同样的归纳步骤，和同一愿望，即使一本书具有两三个指导思想。"（第91页及随后几页）在后面的几页，朱利昂又回到了这个主题："在《古代城邦》中，托克维尔的影响比米舍莱的影响更加突出。该书导言的题目是'论研究古人最古老的信仰对于了解所有制度的必要性'，这似乎与《论美国的民主》一书的开头如出一辙。《旧制度与大革命》的最伟大的功绩之一就是展现了1789年后无数过去的制度、习俗、精神状态在新法国依然存在，使新法国在不知晓的情况下成了君主制法国的继承人。菲斯泰尔·德·库朗日在其作品中指出宗教传统和习俗具有长久的持续性；至于这个持续性法则的定义，没有一本书比《古代城邦》的下述描述更为精妙的了：'对人来说，过去永远不会彻底消亡。人可以忘掉过去，但人的身体始终带着它。因为，尽管每个过往在其时代都有自己的面貌，它依然是之前所有时代的产物和概括。如果它深入人的灵魂，便可以

1 米舍莱（1798—1874）：法国历史学家，认为历史就是人类反对宿命、争取自由的斗争史，著有《法国史》、《法国革命史》等。

根据每个时代在它身上留下的痕迹重新找到这些不同的时代并加以区别。'”关于菲斯泰尔·德·库朗日，可参见瑞士历史学家E. 菲特的重要著作《新编史学史》(慕尼黑与柏林，1911年，自第560页起)，E. 尚皮翁的《菲斯泰尔·德·库朗日的政治与宗教思想》(巴黎，1903年)，以及J. -M. 图尔纳尔-奥蒙的《菲斯泰尔·德·库朗日》(巴黎，1931年，第59页及随后几页)。

此外，我们在朱利昂的《19世纪法国历史学家文选》中发现了一段对托克维尔的《旧制度与大革命》的重要性所做的既简洁又精彩的评价，我们读了定会受益："托克维尔的这部著作与《古代城邦》都是19世纪产生的最有独创性、最成功的历史学著作……"(参见第84页及随后几页)朱利昂将托克维尔视为哲学历史学家；我们今天也许会说他是社会学历史学家。马克·布洛赫的《封建社会》也许是当代社会学历史学的典范。

阿尔贝·索雷尔的伟大著作《欧洲与法国大革命》(八卷本，巴黎，1885—1904年)也明显带有托克维尔的生生不息的影响。欧仁·德希塔尔在《托克维尔与自由民主》(巴黎，1897年)一书中，用了整整一个章节论述《旧制度与大革命》，他在该章中强调了《旧制度与大革命》对阿尔贝·索雷尔的影响。我们引用一段："有必要指出阿尔贝·索雷尔在他的重要的历史学著作《欧洲与法国大革命》中，将托克维尔的方法与思想广泛应用到革命的对外政策上，他还证明，无论是对外还是对内，'大革命，甚至最奇特的革命，其结果无一不源自于历史，并且只能由旧制度的先例加以解释'。他比任何人都更好地证明了托克维尔这句话中的真理：'我敢说，无论是谁，如果他只研究或考察法国，就永远不能真正理解法国大革命。'[1]"

1 见本书正文第18页末。

勒普莱[1]肯定是读了托克维尔这部著作而思想变得丰富的。在《基于欧洲各民族的考察而得到的法国社会改革现状》(巴黎，1874年，第三卷)一书中，有一段对《旧制度与大革命》极具特点的评注："尽管路易十五的不宽容极其残酷，却保留了某些人道的形式，目的只是消灭新教基督徒。1793年雅各宾派的不宽容目的却是彻底消灭所有宗教。"这个论点以下列注释为依据："托克维尔在一部著作(《旧制度与大革命》)中阐明了这一真理，如果这本书的内容与他的书名相一致并且有一个结论的话，那将是一部杰作。"我们并不认为勒普莱对托克维尔的评价是正确的；他的决疑论和道德家精神决定了他远远不能理解托克维尔的历史社会学。(参见迪罗塞尔的《法国社会天主教的开端，1822—1870》，巴黎，1951年，自第672页起。)《旧制度与大革命》有许多读者是著名人物，其中我们要提到乔治·索雷尔和让·饶勒斯[2]；《进步的虚幻》(第一版，巴黎，1908年)经常参照托克维尔的作品，《法国大革命的社会主义史》(A. 马迪厄审订版，八卷本，巴黎，1922—1924年)同样也带有《旧制度与大革命》的痕迹。

还可以举著名的法国法律史学家A. 埃斯曼为例，他在《法国比较宪法学基础知识》(第四版，巴黎，1906年)一书中显露出对托克维尔思想的深刻了解。

此外，不应忘记那些伟大的法国文学史学家。我们只举几个例子。圣伯夫[3]在《周一漫谈》(第三版，十五卷本，巴黎，未注明年份，自第96页起)中，明确指出他向来不了解托克维尔这部作品的社会

1 勒普莱(1806—1882)：法国社会学家、政治家。

2 让·饶勒斯(1859—1914)：法国社会党领导人、历史学家。主张教会与政府分离，持改良主义立场。

3 圣伯夫(1804—1869)：法国文学评论家和作家，其名著为文学评论集《周一漫谈》(十五卷)。

学意义。如果我们还记得托克维尔的《论美国的民主》发表时，圣伯夫在《周一漫谈》第一辑中为此而欢呼喝彩，我们只能得出这样的结论，托克维尔——他在法兰西学院的这位了不起的同事一定在什么时候得罪了他……（见J. -P. 马耶尔《阿列克西·德·托克维尔》，巴黎，1948年，第156页及随后几页。）即使圣伯夫对托克维尔怀有恶意，他的辉煌并未因此而减弱。与圣伯夫形成鲜明对照的是伯蒂·德·朱尔维尔，他在《法国文学史》第540页中写道："毕业于基佐学校的托克维尔于1835年发表了《论美国的民主》，这是自《论法的精神》以来人们所写的最有价值的社会哲学著作。二十年后（1856年），托克维尔的《旧制度与大革命》问世。这是一部极其独特而新颖的书，影响极其广泛，并在拉马丁[1]的《吉伦特党人史》获得非同凡响的成功后，开始在法国，使人们，至少是那些深思熟虑的有才智的人，得以重新审视被称作大革命神话的东西。人们不再把大革命视为一场始料不及的（英雄的或魔鬼制造的）飓风，而是认识到大革命是众多遥远而深刻的原因的产物。泰纳最终使民众普遍接受这一观点；但是最先使民众转变观念的是托克维尔。"费迪南·布伦蒂埃在《法国文学史教程》（巴黎，1898年）这部很有价值的著作中，以注释的形式对托克维尔的《旧制度与大革命》表达了自己的看法："……这部书（《旧制度与大革命》）标志了一个时代，展现了对大革命起源的一种全新的理解方式；再现大革命历史的方式也全然不同。以下是托克维尔的观点：1. 大革命以其所有废墟与我们历史当中最遥远的过去相关联；2. 大革命的'宗教'特点源于其起因的深刻性；3. 为此，不能依靠任何政治力量来消除大革命的种种影响。托克维尔通过他的两部著作第一次使历史不再受历史学家武断评价的影响，为我们今天所形成的思想做了准备，最大限度地使历史

---

1 拉马丁（1790—1869）：法国浪漫派诗人、政治活动家。代表作为《沉思集》。1848年二月革命后成为临时政府实际上的首脑，后被免职。

具有一门科学应当具有的特征。”（前引书，第441页）居斯塔夫·朗松在他的经典著作《法国文学史》（巴黎，1912年）当中，也对托克维尔的这部著作给予了高度评价：“……《旧制度与大革命》以历史学家的思想为基础。托克维尔和奥尔良的历史学家一样，在法国大革命中看到了一场社会政治运动的结果，也可以说是这场运动的结束，此运动的起源可以追溯到法国诞生之时，而并非像正统派和民主派认为的那样，大革命几乎始终是与过去的猛然断裂，一次猛然间奇迹般的爆发，有人诅咒它，也有人为它祝福，但所有人都坚信1789年和1793年的法国与路易十四或圣路易时代的法国完全不同。但是奥尔良派的历史观是为某个党派的利益服务的：托克维尔则是一位严格的历史家，但更是哲学家，他只是在我们制度的扩展和风俗的演变之间建立起连续性；大革命爆发于1789年，而那时它已经进行了一半了，因为一切都趋向于平等和中央集权已有数世纪的历史；封建权利与专制王权显得更加令人难以忍受，因为它们已是最后的障碍。托克维尔认为文学与不信教对大革命有影响，平等的观念战胜对自由的热爱，他对此进行了解释。就这样，托克维尔对封建君主制的毁灭做了分析，他还打算指出新法国是如何从旧法国的残骸之上得以重建的，这几乎就是泰纳在《当代法国的由来》中实现的伟大设想。但是托克维尔没有来得及实现他的第二个计划。”（前引书，第1019页及随后几页）法国文学史家们就是这样把托克维尔这部著作的成果传给一代代年轻人。但愿这些年轻人能充分利用这些成果。

我们对《旧制度与大革命》在法国的影响做了一个概述，在结束这部分内容时，我们想向读者介绍一本重要的小书，即杰出的政治史学家保尔·雅内的《法国大革命哲学》（巴黎，1875年）。雅内很有见地地看到1852年是法国大革命历史观中具有决定意义的一条分界线。以下便是我们在这本书中读到的：“1852年使法国大革命哲学面临了一次真正的危机。这是一种深深的失望，一种前所未有的背离，即对1852年前法国人所珍视的所有原则的背离（人们至少可能这样认为），一种为了大革命的物质成果而牺牲其精神成果的可悲倾向。有人认为必须让专制主义在这世界上永远消失，而在这些思想的影响下却又出现了一种新的专制主义形式，同时还是一种内容更为广泛的科学，将我们的状况与邻国人民状况进行比较，最终得出的却是可悲的信念，并且为无数经验所证实，那些民族虽然没有那么多的危机与灾难，却随着事物的进程逐步达到了一种政治自由，而我们曾经向往并与之失之交臂，甚至从某些伟大的社会自由的角度来看，他们已经超越了我们；大西洋彼岸的某个伟大民族在其广阔疆域内既实现了自由又实现了平等，我们已经开始牺牲掉了一半，只待再晚些扔掉另一半：所有这些观点，所有这些思考、经验与比较只能使所有人在某种程度上对大革命抱有的信仰产生质疑……由此，法国大革命的最新理论有了一个全新的导向。大革命很少尊重个人自由，它崇尚武力，盲目服从中央权力的至高无上，人们开始对此感到震惊；人们自问，如果大革命在近代世界确立了社会地位的平等，它会不会像罗马帝国那样为新的专制政体开辟道路。没有一位政论家比这位有洞察力的人人皆知的托克维尔更受这一思想的激励，而且他还是这一思想的创始人。他在那部有独创性的著作《论美国的民主》中，第一次向身处和平、温和、立宪时代的现代民主警示'恺撒专制的'危险，这个预见令人难以理解，因为当时没有任何情形、任何事件、任何征兆可以提供依据。后来，这个预言被世界所证实后，他再次引用这个观点，对它进行扩充，以罕见的洞察力在他那本优秀的作品《旧制度与大革命》中加以阐述。……"我们无法全部引用雅内精辟的分析，在此只截取摘要如下："因此，托克维尔在某种意义上为革命辩护，但从另一个意义上来说他也是在批判大革命，但同大革命的批评者或拥护者所采取的方式不一样。他在为大革命辩护的同时指出，大革命既不具有创新性，也不像维护旧制度的人所说的那么荒谬。大革命试图以纯理性和抽象的权利观念和人性观念为依据，创建一个社会秩序；但是在这一点上，大革命只实现了先前所有时代为之做准备的东西。因而无论是从历史的角度还是哲学的角度，大革命都是正确的。托克维尔则竭力唤起我们对大革命有可能带来的恶果的忧虑，即建立一个新的专制主义，民主的或恺撒式的专制主义，消除个体，对权利漠然视之，中央吞并一切地方生活，继而扼杀各地全部的生命力：对于此恶果，托克维尔或许（我们希望如此）夸大了它的意义，但是它早已发端于我们的全部历史，而大革命则使它得到了扩张并无疑发展到一个极其严重的程度。这就是托克维尔先生的这部著作向我们揭示的寓意。……”（参见前引书，第119页及随后页。）

正是大革命的这些潜在趋势——在民主化进程中个人的消失和平等，以及公民投票选举制度的恶果——深深地对瑞士伟大的历史学家雅各布·布克哈特的作品产生了深刻的影响。尽管他是一个冥想式的唯美主义者，但在所有我们提到的思想家中，他的思想或许是最接近于托克维尔的。他在给朋友的一封信中写道："但是就像你所说的那样，我们想训练人们去参会；而当某一天集会的人还不到一百人的时候，大家都要开始哭了。"自从沃纳·凯吉为《世界史之感想》(《历史残稿》，斯图加特，1942年）做了一些预备性的研究并将这些研究发表以来，我们就知道布克哈特从托克维尔那里吸取了大量的思想。作为19世纪和20世纪大革命的一个阶段，法国大革命正处于两位思想家的相交点上。我们早已提到了菲特在《新编史学史》一书中花了几页来论述《旧制度与大革命》在历史科学发展中所占据的位置（参见前引书，自第557页起）。在洛桑任教的具有百科全书式头脑的社会学家维尔弗雷多·佩尔托博览群书，他没有忘记研究托克维尔的这部作品。

在意大利，贝内代托·克罗齐[1]的著作也展现了《旧制度与大革命》的光辉。

我们已在《论美国的民主》（见《托克维尔全集》，马耶尔编订，第一卷，第二册，第393页）参考书目的加注中指出，伟大的德国思想家威廉·狄尔泰发现了托克维尔对于我们这个时代的重要性（《人文科学中历史世界的构造》，载《狄尔泰全集》，第八卷，柏林，1927年，自第104页起）。以下是他对《旧制度与大革命》的评论："托克维尔在另一部书中，第一次对18世纪和大革命时期的法国政治秩序的总体状况做了深入研究。这样的一种政治学同样可以使政治得以贯彻运用。他在延续亚里士多德的论点方面成果尤其丰富，特别是他提出每个国家健全的政体应该是建立在权利和义务比例恰当的基础之上的。这种对权利与义务均衡的否定结果便是权利变为特权，最终导致国家的灭亡。将这些分析恰到好处地运用于实践当中的结果是，因中央权力过于集中而带来诸多危害，而个人和地方行政管理的自由有益无害。因此，他从历史本身获得了丰富的概述，从过去的现实当中得到了一种新的分析，这个新的分析又使得我们对现状有了更加深刻的理解。"德国历史学家阿德尔贝特·瓦尔在他对大革命前的法国历史所作的重要研究中，经常举托克维尔为例，并称他为"有史以来最伟大的历史学家之一"。（参见瓦尔：《法国大革命以前史：一个尝试》，两卷本，蒂宾根，1905年，以及同作者所著：《法国大革命以前史研究》，蒂宾根，1901年。）

在英国，里夫、格雷格、康沃尔·刘易斯、约翰·斯图尔特·密尔等人受到了《旧制度与大革命》思想的启发，托克维尔的这部著作的独创性也因他们得以代代相传。戴雪在其《宪法研究导论》（第一

---

1 贝内代托·克罗齐（1866—1952）：意大利著名文艺批评家、历史学家、新黑格尔主义者、意大利自由党领袖。创立"精神哲学"体系，强调精神是惟一的实在，著有《精神哲学》（四卷）。

版，1885年；我们引证根据第八版，伦敦，1915年）的一个重要段落中，将《论美国的民主》与《旧制度与大革命》相提并论，以阐明他关于行政法的重要论点。他引用了第一部作品《论美国的民主》："法兰西共和八年出现了一部宪法，其中的第75条是这样规定的：'除部长之外的所有政府官员如果犯了与其职务相关的罪行，只能根据行政法院的裁决才能被起诉；在这种情况下，起诉由普通法庭受理。'共和八年宪法通过了，但这一条始终被排斥在宪法之外，人们以此为由拒绝公民的正当要求，这种现象日渐普遍。我总是试图使英国人或美国人明白这第75条的意思，但始终很难如愿。他们首先发现行政法院在法国是一个位于王国中央的大法庭；那里实行的是一种专制，所有申诉人不等进入法庭就被事先打发走了。

"但是我努力向他们解释并不是通常所说的司法机构，而是一个行政机构，其成员都依附于国王，国王行使其最高权力命令他的一个仆人，即省长，做一件极不公道的事之后，还能以同样的方式命令另一个仆人，即国务委员，不许对省长进行惩治。有个公民曾遭受君王命令之苦，不得不请求君王还他公正，当我把这件事告诉美国人和英国人的时候，他们不相信会有这样的荒谬行为，说我撒谎无知。旧君主制政体下经常发生高等法院下令逮捕犯罪的国家公务员这样的事。有时王权强行干预，诉讼被撤销。专制主义那时已无所顾忌，人们只能唯命是从，向暴力服从。我们现状还不如父辈那时的情形，因为我们打着公正的幌子放任一切，并以法律的名义使暴力强加于人民的那些东西得到认可。"（见《托克维尔全集》，马耶尔编订，第一卷，第一册，自第105页起；还可参见我们加注的参考书目，第一卷，第二册，自第892页起。）戴雪还在这段引文后面写道："托克维尔《论美国的民主》这一经典段落发表于1835年；那时作者仅30岁，却获得了极大的荣誉，他的朋友们认为其荣誉可与孟德斯鸠媲美。当他在生命末年发表这部最有力量最为成熟的著作时，他对行政法的重视无疑没有改变，而当他在生命的最后发表《旧制度与大革命》这部并非最成熟的作品的时候，他对行政法的赞赏之情无疑没有改变。”戴雪再次提到托克维尔：“我们确实已将司法权驱逐出了行政领域——是旧制度让它错误地走进了这个领域。但同时，正如大家看到的，政府又不断地潜入司法权的天然领域，而我们则听之任之：其实权力的混淆在司法领域和在行政领域一样危险，甚至更加危险，因为法院对政府进行干预只对案件有害，而政府对法院进行干预则使人堕落，使他们同时成为革命者和受奴役者。”（《旧制度与大革命》，本版本。）[1]戴雪又加了一段评论：这些话“是一个具有非凡才华的人所讲，他熟知法国历史，而且对他那个时代的法国了如指掌。他出任议会议员多年，并当过一届部长。他了解法国的公共生活的程度，如同麦考莱对英国公共生活的了解。托克维尔的语言或许显得有些夸张，部分原因来自于其思维方式和思想倾向；这两者促使他刻苦地研究现代民主的弱点与旧君主制的罪恶之间的相似性和关系，因而语言难免有些夸张”。（戴雪：前引书，自第351页起。）

保罗·维诺格拉多夫先生是戴雪在牛津大学的同事，他是研究英国行政和司法史的伟大历史学家，他将《旧制度与大革命》的方法与成果传授给了他的所有学生。那时，经济史的研究在英国处于起步阶段。托克维尔的著作对经济史这门学科的发展产生了巨大的但是间接的影响。E. W. 梅特兰是专攻英国法律史经典的历史学家，其作品带有托克维尔论著的深深的痕迹，对此我们不会感到惊讶。［参见P. 维诺格拉多夫：《历史法理学纲要》，牛津，1920年，第一卷，自第152页起；R. H. 托尼：《宗教与资本主义的兴起》，伦敦，1926年，法译本，1951年；E. W. 梅特兰：《直到爱德华一世时代的英国法律史》（与E. 波洛克合著），牛津，1895年，同作者所著：《英国宪法史》，剑

1　见本书第54页。

桥，1908年。]我们已经提到阿克顿也受到托克维尔的影响。（见我们附录的参考书目，第一卷，第二册，第391页。）阿克顿的《法国大革命讲稿》（伦敦，1910年）有一个关于大革命文学的附录，他在其中写道："19世纪中叶，当西贝尔的头几部作品开始发表的时候，在法国，托克维尔则开始了更为深入的研究。他第一个确认（即使算不上第一个发现）大革命不仅仅是一次决裂、推翻，而且在某种程度上是折磨旧君主制的种种倾向的发展……在所有作家当中，他是最受到欢迎也是最容易被人挑剌的严厉作家。"（前引书，自第356页起。）

在美国，《旧制度与大革命》仅仅受到最年轻的一代人的欣赏。一个年轻的民族很晚才发现历史科学。历史学方法被应用于政治社会学，就像托克维尔的作品中所显示的那样，而这只能是一个成熟的文明的结果。按黑格尔的话说就是，密涅瓦的猫头鹰在黄昏中起飞。美国著名的历史家罗伯特·厄尔甘在其著作《从文艺复兴到滑铁卢的欧洲》（纽约，1939年）上加了一个参考书目，我们选取其中的一句话来结束对《旧制度与大革命》之影响的概述："《旧制度与大革命》对大革命种种起因做了最为深刻的分析。"

J.-P. 马耶尔

前　　言

我此刻发表的这本书并非一部大革命史，这段历史被人过多渲染（有过很多辉煌巨著），我不想再写，本书是针对这场大革命所做的一项研究。

为了将其命运分割成两段，以一道鸿沟把之前存在的与此后希望呈现的隔开来，法国人在1789年付出了最大的努力，史上不曾有哪个民族有如此的牺牲精神。为了实现其目标，他们采取了各种各样的预防措施，以免把过去带进他们的新生活；他们给自己提出种种严格要求（义务），把自己塑造成与父辈完全不同的形象（使自己的形象与父辈的完全不同）；总之，他们尽其所能使自己变得面目全非。

我一直认为，他们在这项独特的事业中取得的成就比他们期望的以及外界设想的要小得多。我深信，他们保留了旧制度的大部分情感、习惯，甚至观念——他们借助这些观念来引导大革命，直到将旧制度摧毁，我还相信他们不知不觉中利用了旧制度的瓦砾建造新的社会大厦；因此，要想很好地理解大革命及其成果，必须暂时忘记今天的法国，去坟墓追寻那个已经逝去的法国。这就是我打算在这里做的；但是我为此遇到的困难比我想象的要大。

君主政体的头几个世纪、中世纪和文艺复兴都曾引发大量著述，成为人们深入研究的对象，由此我们不仅知道当时发生的各种事件，还了解在这些不同的时期政府和民族的法律、习俗、精神。时至今日，还没有人不辞劳苦地像这样认真研究18世纪。我们总以为对18世纪的法国社会已经非常了解，因为我们能清楚地看到它表面的光芒，因为我们连那时代最著名的人物生活的细节都知晓，因为多亏了一些灵巧的或雄辩的批评家们，我们对给那个时代带来荣耀的伟大作家的作品都熟读于心。至于事情的表现方式，制度的贯彻，各阶层彼此间的准确定位，那些不为人关注的阶层的生存状态与感受，乃至舆论和风俗的本质，我们都只有一些模糊的、常常是错误的想法。

我试图触及这个旧制度的核心，从年代看它离我们很近，但却被大革命的光芒遮挡了，使我们对其视而不见。

为了实现这个目标，我不只是重读了18世纪出版的所有名著；对于许多不是很有名且不值得被众人所知的作品，我也进行了研究，这些作品并不是很精致，或许更好地反映了那时代的真实情感。我认真阅读了所有公告，大革命前夕，法国人在这些公告上表达了他们的观点和倾向。三级会议和后来的省三级会议的会议记录在这方面也给了我许多启示。我尤其充分利用了三个社会等级在1789年编制的陈情表。这些陈情表的原件长达数卷，成为法国旧社会的精神遗产，是其愿望的最高体现和最终意志的真实表达。这是史上独一无二的一份文献。但这对我来说甚至还不够。

在公共管理已经十分强大的国家里，很少会产生思想、愿望、痛苦，也很少会出现兴趣和激情——它们迟早会暴露在政府面前。浏览政府部门的档案，我们不仅对其管理方式有一确切的概念，而且能看到整个国家的状况。如果我们现在把装满内政部和各省纸箱里的所有密件交给一个外国人，他马上就会比我们自己更了解我们。18世纪，公共管理已经很集中——你们读本书就会了解到——并且非常强大，不可思议的活跃。它资助，禁止或允许，这些活动从未间断。它有很多东西可以承诺，有很多东西能够给予。它已经以无数方式产生影响，此影响不仅涉及国家事务的总方向，还涉及每个家庭的未来和每个人的私生活。此外，它不做宣传，这就使得人们不怕将自己最难以启齿的缺点展现在它面前。我花了相当长的时间研究剩下不多的有关公共管理的档案，或在巴黎，或在某几个外省。

在那里，如我所料，我发现旧制度极其活跃，包括它的思想，它的激情，它的偏见，它的举措。每个人可以有自己的表达方式，暴露内心最隐秘的想法。就这样我最终获得了当代人所没有的关于旧社会的许多概念；因为我看到的资料从未向他们公开过。

随着这项研究的深入，我在旧制度下的法国的任何时期都能看到当今法国许多鲜明的特征，我惊呆了。我从中发现了无数感情——我原以为它们产生于大革命，无数习俗——我一直认为这只能源自大革命，无数习惯——我一直以为这是大革命只留给我们法国人的遗产。我处处都能碰到深深植根于这片古老土地的当今社会的根基。向1789年每接近一步，我都能更加清晰地看到促使大革命形成、诞生和扩大的那种精神。渐渐地，我发现这场大革命的全貌展现在我眼前。它已经显示出自己的性格和天资；这就是大革命本身。在这里，我不仅发现了革命之初某些行动的原因，或许还有它打算长期建设的那些东西的征兆；因为大革命有两个截然不同的阶段，在第一阶段，法国人似乎要废除过去的一切；在第二阶段，他们想恢复一部分被他们遗弃的东西。旧制度的大量法律和政治习惯就这样在1789年突然消失，几年后重新出现，如同某些河流沉入地下，又在不远处重新出现，使人们在新的河岸看到同样的水流。我献给公众的这部作品旨在阐明为何这场大革命同时在几乎整个欧洲大陆酝酿，却只在法国而没有在别处爆发，为何它不可阻挡地产生于它即将摧毁的那个社会，最后，旧的君主政体何以如此彻底、如此突然地崩溃。

在我的思想里，我已着手的这部作品不应到此结束。我的意图是，如果时间和精力允许的话，我要跟随那些法国人一起去穿越这场漫长的革命的种种变迁，不久前我还与这些法国人无拘无束地生活在旧制度下，他们本身就是由旧制度造就的。我要观察他们在各种历史事件中是如何发生变化和改变而又本质不变的，看他们不断在我们面前重现，相貌有所不同但总能辨认出。

首先，我要和他们一起经历1789年的第一阶段，那时，对平等的热爱与对自由的热爱在他们心里占据着同等重要的地位；他们不只是要建立民主制度，还要创建自由制度；不但要消灭特权，还要承认权利并使之成为神圣权利。这是青春、热情、自豪的时代，充满慷慨和真诚的感情的时代，它有谬误，但会永远铭记在人们心中，并会在很长时间里让所有那些想腐蚀或奴役人类的坏人不得安宁。

在跟着这场大革命快速行进时，我试图证明以下几个问题：这些法国人因为哪些事件，哪些错误，哪些误判而最终放弃了原先的目标并在忘却自由的同时只想成为世界主人身边平等的仆役；为何一个比大革命推翻的政府更强大更专制的政府会重新夺得并集中所有权力，取消以如此高昂的代价换来的所有自由，以虚幻的图像取而代之；为何把人民主权称为选举人的普选权，而选举人既不能了解真相，也不能集合起来共同选择某一种政策；为何捐税事务备受吹捧的"自由表决"制度只不过意味着被驯服得屈从而沉默的与会者毫无意义的赞成；为何在剥夺民族的自治权，使人民丧失权利的主要保障，失去思想、言论和写作的自由——即1789年所有战果中最珍贵、最崇高的东西——的同时还自诩是个拥有自由的政府。

当我觉得大革命差不多完成了它的使命，孕育出新社会的时候，我会就此止步。我将只对这个社会进行考察；我要尽力发现它在哪些方面与之前的那个社会相像，在哪些方面与之不同，我们在这场惊天动地的巨大运动中失去了什么，从中得到了什么，最后我试着预测一下我们的未来。

这部著作的第二卷有一部分已经写出了草稿，但还不能献给读者。我有可能完成这部作品吗？谁敢保证？与民族的命运相比较，个人的命运要难以把握得多。

我希望写出的这本书不带任何偏见，但我不能肯定我写作时未带任何感情。一个法国人谈起自己的祖国，想到自己的时代，却无动于衷，这几乎是不可能的。我承认，在研究我们的旧社会的每个部分时，我从未对新社会完全漠然视之。我不但想了解病人死于什么病，而且想知道他当初如何可以免于一死。我像医生那样试图在每个变得衰弱的器官里发现生命的法则。我的目的旨在绘制一幅极其精确同时又有教益的图画。因此，每当我在我们的祖先身上看到某些对我们来说是必不可少的而我们却已近乎丧失的刚毅品德时，即真正的独立精神，对崇高事物的爱好，对我们自身和某个事业的信仰，我就进一步强调它。同样，当我在那个时代的法律、思想和风俗中发现那吞噬旧社会，如今还在折磨我们的某些恶行的痕迹时，我也不忘将它们揭露出来，让人们看清这些恶行对我们造成的痛苦，从而对它们还会给我们带来的不幸有更清楚的认识。

为了达到此目的，坦诚地说，我不怕得罪任何人，无论是个人还是阶级，无论是舆论还是回忆录，也无论他们的身份多显赫。我这么做时常常感到歉意，但内心无愧。但愿那些因我而感到不愉快的人考虑到我真诚无私的目的而宽恕我。

一些人可能指责我在这本书中对自由表现出一种非常不合时宜的兴趣，他们要我相信如今在法国再也没有人关心自由了。

我只恳请那些对我提出这种指责的人注意，我对自由的热爱由来已久。二十多年以前，我在谈论另一个社会时就差不多一字不漏地写下了以下你们就要读到的内容。

在未来之茫茫黑夜中，人们已经能看到三条非常明晰的真理。第一条是，如今，所有人都被一种无名的力量所驱使，人们或许想控制它并削弱它，但并不想消灭它（使之消亡），它时而轻轻地时而猛烈地推动人们去摧毁贵族制度。第二条是，在所有社会中，最难长期摆脱专制政府的社会正是那些贵族制度已不存在或不可能继续存在的社会。最后，第三条真理是，专制制度在这些社会中的恶果比在任何地方都更严重，因为它比任何其他政府都更有利于助长这些社会特有的种种恶行并促使它们朝着这些社会已经自然趋向的那个方向发展。

在这些社会，人们不再因为种姓、阶级、行会、家庭的联系而相互间发生关系，他们出于天性只关心自己的个人利益，总是只考虑自己，将自己封闭在公共道德遭扼杀的狭隘的个人主义之中。专制制度非但不与这种倾向作斗争，反而使之变得势不可挡，因为它使公民不再有任何共同情感和相互需求，不再有相互理解的必要和一致行动的机会，就这样，它用一堵墙把公民囚禁在私人生活中。人们本来就倾向于独处，专制制度则使他们彼此隔绝；人们本来就互不关心，专制制度则使他们冷若冰霜。

在这种社会中，没有什么是固定不变的，每个人时刻都感到焦虑，生怕地位下降，急不可待地向上爬。由于金钱不仅成为区分贵贱尊卑的主要标志，还具有一种独特的流动性，不断易手，改变个人的处境，使家庭地位升高或降低，因此几乎所有人都迫不得已分秒必争地拼命攒钱或赚钱。于是，不顾一切发财致富的渴望，对商业的爱好，对安逸和物质享乐的追求，这些便成为最普遍的激情。这些激情以极其自然的方式扩散到所有阶层，甚至深入到那些向来与此无关的阶层中，如果没有什么东西来加以阻止，它们很快就会使整个民族疯狂、堕落。而专制制度从本质上说甚至就是为这些激情创造条件并使之蔓延。这些使人消沉的激情对专制制度起推波助澜的作用，能转移人们的注意力，让其想象远离公共事务，使他们一想到革命就浑身颤抖。只有专制制度能给它们提供隐秘地和黑暗之处，使贪婪猖行，任人以可耻的手段攫取不义之财。如果没有专制制度，这些激情也可能会很强烈，而有了专制制度，它们就占据了统治地位。

自由则相反，唯有它能在这类社会中与社会固有的种种恶行作斗争，使其不再沿着斜坡滑下去。的确，唯有自由能使公民摆脱孤立——公民因其社会地位的独立性而生活在孤立状态中——从而迫使他们彼此接近。唯有自由能使人们感到温暖，每天都相聚在一起，因为公共事务的实施离不开公民的共同协商，离不开彼此信任和取悦对方。唯有自由能使他们脱离金钱崇拜的状态，摆脱个人日常琐事的烦恼，时时刻刻都意识到并感到祖国高于一切，近在咫尺。唯有自由能随时以更有活力、更崇高的激情取代对安逸的迷恋，使公民渴望做比获取财富更重要的事情。唯有自由能创造光明，让人看清人类的恶行和美德并做出判断。

没有自由的民主社会可以是富裕的，高雅，华丽，甚至辉煌，因其平头百姓举足轻重而显得强大。你在那里能发现个人的优良品质，能见到慈祥的父亲、诚实的商人和可尊敬的业主。你甚至还会遇到优秀的基督徒，因为这些人的祖国不在尘世，其宗教的荣耀就是在最腐败的风俗中和最专制的政体下造就优秀基督徒，罗马帝国最没落时期就有许多这样的基督徒。但是，在此类社会中，我敢说，你永远看不到的是伟大的公民，尤其是伟大的人民，我敢肯定，只要平等与专制结合在一起，心灵与精神的普遍水准便会不断地下降。

这就是我二十年前想到的和说过的。坦率地说，从那以后，这世界并没有发生什么事情让我改变那时的想法和说法。过去，当自由受到重视时，我表达了对自由的赞赏，现在，自由遭到抛弃，我对它的爱依然不变，人们不会觉得这有什么不好吧。

但愿人们还希望看到，在这个问题上我与大多数反对我的人之间的分歧或许比他们自己认为的要小。一个人，如果他觉得自己的民族拥有必不可少的正确使用自由的美德，却出于天性卑躬屈膝，宁可依附某个同类人一时冲动的行为，也不遵循他亲自制定的法律，这是什么人？我认为这样的人是不存在的。专制者自己也不否认自由是美好的，只不过想独自享用罢了，于是，他们断言除他们之外，其他所有人都没有资格享有自由。由此看来，人们并非是在如何看待自由这个问题上产生分歧，而是在对人的尊重程度上态度迥异。所以严格说来，对专制政府表现出爱好等于对自己国家公开表示轻蔑，这两者完全是一回事。要想让我转变态度，还需时日。

可以毫不夸张地说，我此刻发表的这本书是一项非常浩大的研究之成果。有的章节很短，却花费了我一年多的时间。我本可以把注释放在每页下面，但数量太多。我还是喜欢选择其中的一小部分放在卷末，并注明出自正文中的页码。里面不乏史例和证据。如果哪位读者觉得本书有必要增补更多史料，我这里有许多可以提供。

第一编

第一章

大革命产生之时对它的各种不合逻辑的判断

没有什么比法国大革命史更适用于提醒哲学家和政治家们要谦虚的了，因为从来没有比它更伟大，影响更深远，准备得更充分但也更无法预料的事件。

伟大的腓特烈智慧超群，他也没能预感到这场革命。他接触到了却没有察觉。更有甚者，他事先就已遵照大革命的精神行事。他是大革命的先行者，可以说他已经是大革命的动因。大革命迫近时，他并没有认出它来。与历史上的无数革命不同，法国大革命具有独特的新面貌，因而当它最终爆发时未被人们察觉。

在国外，大革命成为全世界关注的对象。它使各国人民心中产生一种隐隐约约的概念——新时代即将来临，产生变化与改革的朦胧希望，但谁也想象不出大革命会是什么样子。各国君主和大臣连这种模糊的预感都没有，而人民却为之激动不已。起初，他们只把大革命看作各民族体质都极易患上的一种周期性疾病，这类疾病除了为邻国的政治打开新的领域，不会造成其他后果。即使他们偶尔说出了有关大革命的真理，那也是无意的。1791年，德意志的主要君主聚集在匹尔尼茨，宣称法国王权面临的威胁是欧洲一切旧政权共有的，后者与法国一样也受到威胁。其实，他们根本没把这些话当真。当时的机密文件透露，在他们看来这些只是巧妙的借口，以此掩盖他们的意图，或者在众人面前美化其意图。

在他们看来，法国大革命是一次短暂的区域性事件，只需要从中获利。出于这种想法，他们拟订计划，做各种准备，缔结秘密联盟。一看到猎物走近就争夺起来，他们彼此分裂，然后又变得亲密。他们几乎做好了一切思想准备，除了没有料到即将发生的事情。

英国人凭借其对自己历史的记忆和政治自由的长期贯彻，更明白事理也更富有经验，他们透过一层厚厚的帷幕看见了步步临近的伟大革命的图像。但他们看不清它的形式，也没有看出法国大革命将对世界的命运和英国的命运产生影响。大革命即将爆发的时候，正在法国游历的阿瑟·扬[1]认为这场革命即将爆发，但对它的作用一无所知，寻思大革命的结果是否会加大特权。“对于贵族来说，”他说，“如果这场革命给他们带来更多的优势，我认为它只起了扬恶避善的作用。”伯克[2]自大革命产生起就对大革命怀恨在心，他在某些时刻对大革命何时到来也无把握。他起先做的推测是，法国将因为大革命变得衰弱，近乎灭亡。“可以确信，”他说，“法国的作战能力在很长一段时期内减弱了，甚至有可能永远失去作战能力。接下来的一代人会重复一句古话：我们听说从前的高卢人是以善战著称的。”

从近处并不一定就比从远处更能准确地判断事件。在法国，大革命爆发前夕，人们对革命的目的没有任何确切的概念。在众多的陈情表中，我只看到两张表里流露出民众的某种恐惧。他们害怕王权或宫廷会继续统领一切。全国三级会议的软弱和为期短暂令人担忧。人们担心全国三级会议会被施以暴力。贵族尤其吓得惶惶不可终日。好几张陈情表里写道：“御前卫队必须宣誓绝不向公民开枪，即使发生骚乱或暴动。”只要三级会议能顺利召开，所有流弊轻而易举都会被清除。要改革的东西很多，但并不难。

---

1 阿瑟·扬（1741—1820）：英国农业经济学家、货币数量论的拥护者。

2 埃德蒙·伯克（1729—1797）：英国辉格党政论家、下院议员，维护议会政治，主张对北美殖民地实行自由和解的政策，反对法国大革命。

然而，法国大革命正常地进行着：随着魔鬼的头部露出，它那奇特而可怕的面孔也清晰可辨。大革命先是摧毁了政治机构，然后废除了民事机构；先是改革了法律，然后对风俗、习惯乃至语言都进行了革新；它摧毁了政府结构，之后又动摇了社会基础，似乎最终要向上帝开战。很快，这场大革命就蔓延到国外，带着前所未闻的手段，新战术，致命的准则，即皮特所谓的武装舆论，以一种前所未闻的巨大力量摧毁各帝国的壁垒，打碎所有王冠，蔑视所有民族，奇怪的是，这些民族竟然加入到它的事业中！随着这一切爆发，（对革命的）看法也发生了变化。它起初只是被欧洲各国君主和政治家视为各民族生活中的一个普通事故，转而成了一个事实，它是如此新颖，甚至与以前世界上发生的一切截然相反，但又是如此普遍，如此恐怖，如此费解，以至于一看到它，人类的精神仿佛失常了。在某些人看来，这个似乎什么都不能助长或者压倒其威力、闻所未闻的巨大力量，这个人们阻挡不住、它也不会自动停止的巨大力量，将把人类社会推向最终的彻底灭亡。一些人把大革命看作魔鬼在世显灵。自1797年起，德·梅斯特尔先生[1]就说："法国大革命具有魔鬼的性格。"另一些人则在大革命身上看到了乐善好施的上帝的意图，说它不只是要改变法国的面貌，还要改变世界的面貌，它要以某种方式创造一种新人类。人们还在那时的一些作家身上发现了萨尔维见到蛮人时的那种神秘的恐惧感。伯克回到原先的观点，惊呼道："失去了旧政府或者更确切地说已经没有任何政府的法国，仿佛成了别人侮辱与怜悯的对象，而不是像应该的那样成为人类的灾难与恐怖。但是，从这座已被谋杀的君主制的坟墓中走出一个庞大的怪物，比那些击败并控制人类想象的怪物还可怕。这个丑陋的怪物直奔其目的地，不惧危险，不因愧疚而止步。它蔑视一切既定的道德行为准则和一切惯常手

1　德·梅斯特尔（1753—1821）：法国贵族，新保守主义代表。

段，谁要是对它的存在方式不理解，它就击倒谁。”

法国大革命果真像从前那时代的人感到的那么非同寻常吗？果真像他们认为的那么离奇，那么具有煽动性和革新力吗？这场奇特而可怕的革命，其真正意义何在？其真正特点是什么？它的深远影响有哪些？确切地说，它摧毁了什么？又创造了什么？

研究和阐述这些问题的时候似乎已到来，我们今天似乎正处于这个确切的瞬间，可以以最佳的距离观察这个伟大事件并做出判断。如果离大革命很远，我们就只能轻微地感受那些扰乱革命者视线的种种激情，而我们离大革命还很近，可以深入到引导大革命前进的精神当中，去理解大革命精神。不久就很难做到这点了，因为所有伟大的革命成功之时，引发革命的动因也会随之消失，于是，伟大的革命都因其自身的成功而变得难以理解。

第二章

大革命的最终与根本目的并非如人们认为的那样是摧毁宗教政权、削弱政治权力

法国大革命早期的一个步骤就是向教会发起攻击，源自大革命的种种激情中，最先点燃和最后熄灭的便是反宗教狂热。当人们迫不得已接受奴役以便获得安宁时，对自由的热情便也不再，但他们一刻也没有停止同宗教权威的斗争。拿破仑能阻止法国大革命的自由天性，却怎么也无法抑制其反基督教倾向，甚至在今天，我们还看到一些人认为可以通过对上帝的蛮横无理来弥补他们在政治权力中最不起眼的官员面前奴颜婢膝的罪过。他们抛弃了大革命学说中所有更自由、更崇高、更自豪的东西，却还在为自己不敬神从而对大革命精神始终不渝为荣。

然而，今天，人们很容易相信宗教战只是这场伟大革命的一个插曲，是大革命面貌中一个显著而短暂的特征，是先于大革命、为大革命作准备的那些思想、激情、特殊事件的瞬间产物，而不是大革命自身的天性。

将18世纪的哲学视为大革命的主要起因之一是有理可循的，因为这一哲学确实具有深刻的反宗教性。但是必须充分注意到，其理论包含了两个截然不同又不可分割的部分。

第一部分包含了与社会地位和民法、政治法之准则相关的所有新的（或复苏的）观点，例如相信人生来平等，（而种姓、阶级、职业

的一切特权是不平等的根源，需加以废除）人民享有主权，社会权力至上，制度统一化……所有这些学说不仅仅是法国大革命的起因，也可以说是法国大革命的本质；它们是大革命种种业绩当中，从时间上来说，更为重要、持久且真实的。

第二部分则包含了18世纪哲学家对宗教的某种狂怒情绪；他们攻击教士、教阶制度、授职、教义，而且为了更彻底地将这些推翻，他们还想摧毁基督教的根基。但是，由于这一部分哲学产生于这场大革命试图消灭的各种现象中，因而它将随着这些现象的消亡而逐渐消失，并湮没在大革命的胜利之中。为了使大家完全理解我的思想，我仍需再做补充（只补充一点，因为我还要在别的章节中论述这一重大问题）：基督教激起了18世纪哲学家的强烈仇恨，并非因为它是一种宗教教义，而是因为它是一种政治制度；并非因为教士们企图掌管另一个世界的事情，而是因为他们是这个世界的有产者、领主、什一税征收者、管理者；并非因为教会不能在即将创建的新社会中占据一席之地，而是因为在这个必将被粉碎的旧社会中，它占据了最享有特权、最强势的地位。

请注意，由于时间的推移，这一事实变得显而易见且日益明确：随着大革命政治使命的加强，其反宗教的使命便消亡了。随着大革命所攻击的所有旧的政治制度被进一步摧毁，随着大革命尤其憎恨的种种力量、权势、阶级被永久地消灭，随着旧的政治制度所激发的仇恨（作为其失败的最后标志）被削弱，随着教士进一步脱离了本应与之一同垮台的一切事物，人们逐渐发现教会的威信在大家的思想中复兴并愈发巩固。

不要以为这种情形只在法国才有，自法国革命以来，欧洲的基督教会几乎都复苏了。

认为民主社会必然与宗教对立，则是犯了一个大错。在基督教乃至天主教中，并没有什么是与民主社会精神完全背道而驰的，甚至有不少东西对民主社会大有裨益。此外，历史的经验证明，宗教本能最具生命力的根基始终深入人民心中。那些已经消亡的宗教在人民心中都拥有各自的墓碑，而那些倾向于使人民的思想和感情得到承认的各种制度，结果却把人类的精神必然且永久地推向了不信教，这真是件怪事。

刚才就宗教权利所说的这些话，我会在论及社会权利之时再度重申。

大革命同时推翻了直到那时还维持着社会等级且给人施加种种限制的所有制度和习俗，人们因此以为，大革命的成果在于推翻的不仅是某个社会秩序，而且是一切社会秩序，摧毁的不仅是某个政府，而且是社会权力，进而，人们会认为，大革命的天性主要是无政府主义。然而我敢说，这还只是表面现象。

大革命爆发后不到一年，米拉波在给国王的私信中写道："请您将新状况与旧制度比较一下，就会感到安慰且心中充满希望。显然，国民议会的部分法律（而且是最重要的一部分法律），对君主政府是有利的。取消高等法院和三级议会，取消教士、特权阶级和贵族集团，这些难道都无足轻重吗？只构建一个公民阶级的想法会使黎世留感到高兴，因为从表面上看，这有利于行使权力。专制政府的几任统治者为维护王权所做的一切，都不及大革命的这一年所做的多。"这就是有能力领导大革命的人对这场大革命的理解。

由于法国大革命的目的不只是改变旧政府，还要废除古老的社会结构，因此，必须向所有既定的权利发起进攻，毁灭所有公认的权势，破除传统，改革风俗和习惯。并在某种程度上，将所有那些使人们养成唯命是从习惯的思想从人类头脑中清除。法国大革命的无政府主义特性正由此产生。

但是如果排除了这些残余，你就会发现一个强大的中央政权，此政权将过去散布在众多次要权力、等级、阶级、职业、家庭、个人之中，就像散落在整个社会中的所有权威和势力都被吸引到它身边并化成一个统一体。自罗马帝国覆灭后,世界上还从未出现过类似的政权。大革命创造了这一新政权,或者更确切地说,这一新政权是从大革命制造的废墟中自动产生的。大革命创建的政府更加脆弱,这确是事实,但它比自己推翻的任何政府都要强大得多。出于同一原因,它既脆弱又强大,对此,将另作阐述。

透过已被半数摧毁的古老政体的尘埃,米拉波隐约看见了这个简单、规整、宏伟的结构。这个物体虽然庞大,但在那时还未被民众所见。然而随着时间的推移,它逐渐呈现在众人眼前。今天,它尤其为公爵们所关注。他们赞赏且羡慕地打量着它,其中不仅包括革命者,甚至还包括那些对革命漠不关心或充满敌意的人。他们都试图在各自的领地取消赋税豁免权,废除特权。他们将各个阶层的人聚合在一起,使社会阶级平等化,他们用官员替代贵族,用统一的法规取代地方特权,用一个行政机构代替多种多样的权力机构。他们竭尽所能,致力于革命事业。当遇到困难时,他们有时就会借用大革命的手段和口号。还能看到他们在必要的时候鼓动穷人反抗富人,平民反抗贵族,农民反抗领主。大革命既是他们的瘟神又是他们的良师益友。

第三章

法国大革命如何是一场政治革命却又是以宗教革命的方式进行的,原因何在

所有的国内革命和政治革命都有一个祖国,且只在此范围内进行。法国革命却没有自己的领土范围。此外,大革命的结果以某种方式将所有古老的界限从地图上抹去。不管法律、传统、性格和语言如何,大革命都使人们更加接近或彼此分离,有时,它竟然使敌人变成同胞,使兄弟变成陌生人。或者,更确切地说,大革命在个人国籍之上建立起一个共同的精神家园,其中,各民族人都能成为它的公民。

翻遍所有史册,也找不到一场与之具有相同特点的政治革命。你只能在某些宗教革命中找到它。因此,如果我们想借助于类比来说明问题的话,就必须将法国大革命与宗教革命进行比较。

席勒在其《三十年战争史》中指出,16世纪伟大的宗教改革结果是使那些彼此互不了解的民众突然间变得亲密起来,并通过新的共同情感,将他们紧密联系在一起。我们确实看到法国人自己打起来的时候,英国人前来相助,波罗的海最远处的人深入到德国中心保护德国人,在此之前他们从未听说过德国人。所有外战都具有内战的特点,在所有内战当中,都有外国人的身影。每个民族都忘却了旧利益,而转向了新利益。原则性问题取代了领土问题,所有的外交规则都混合在一起,错综复杂,令那个时代的政治家们大为震惊,痛苦

不已。1789年之后的欧洲正是如此。

因而，法国大革命是一场政治革命，它以宗教革命的方式进行，并在某些方面具有宗教革命的特点。且看它在哪方面具有这样的特征和特点：它不仅和宗教战争一样广泛传播，而且也同样通过语言和宣传向远处渗透。这是一场政治革命，激发的却是布道热情。人们热烈地向国外宣传这场革命，其力度不亚于他们在国内实现这场革命。请想想这是怎样的一番新景象！法国大革命向世界展示了无数新生事物，而这又是其中最新颖的。但我们不要就此止步，我们应当继续深入研究，从而发现大革命和宗教革命在结果上的相似性是否与隐藏在原因当中的某种相似性有关。

宗教的一般性特征是重视人本身，而不注重一个国家的法律、习俗和传统会在这个共同资源上加入什么特殊的东西。它的主要目的是掌管人与上帝之间的普遍联系，人与人之间的普通权利和义务，而不考虑社会形态。它所强调的道德规范与某个国家或某个时代的人关联甚少，而与父子、主仆和亲眷相关。由此看来，宗教植根于人性之中，因而可以被所有人接受，可以被应用到所有地方。因此，宗教革命很少像政治革命一样局限在某一领域或某一民族的范围内，而是拥有着广大的舞台。如果我们对这个问题进行进一步的探究，我们就会发现宗教越是具有我刚刚指出的这种抽象性和普遍性，它就越能广泛地传播，尽管存在着法律、气候和人的差异。

古希腊罗马的异教都或多或少地与每个民族的政治体制或社会状态相关，并在其教义中保存着某种民族的且常常是某个城市的面貌，它们通常都局限于一国领土的范围内，很少走向国外。它们有时会引发偏执和宗教迫害，而布道的热忱对它们来说是完全陌生的。在基督教出现之前，西方从未发生大的宗教革命。基督教轻易地突破了曾经为异教徒设置的种种障碍，很快征服了大多数人。说基督教的胜利在某种程度上归功于它比其他任何宗教都更善于摆脱一个民族、政府形式、社会形态、时代和种族应有的特征，我认为这种说法并非对这个神圣的宗教有失尊敬。

法国大革命针对的是我们这个世界，宗教革命针对的是另一个世界，而二者采取的方式是完全相同的。大革命以一种抽象的方式看待公民，视他们为脱离一切特殊社会的人。这与宗教一样，宗教也不考虑国家和时代，而从普遍性的角度来考虑人。大革命不仅研究法国公民的特殊权利，还研究人在政治上的一般权利和义务。

在社会状态和政府的问题上，法国大革命就是这样始终追溯更不具有特殊性的即更自然的东西，因而，它能为所有人所理解，同时被无数国家所效仿。

法国大革命的目的似乎是要使人类获得新生，而不是在法国进行改革，因而它所燃起的强烈的热情是之前任何一场革命所不及的。它激发了传道的热忱，因而得以广泛传播。最终，它具有了宗教革命的特点，让那个时代的人震惊，或者更确切地说，大革命成为了一种新的宗教，它是不完美的，这是事实，它既无上帝，也无礼拜或者来世，但它却像伊斯兰教一样，使全世界都布满了它的士兵、使徒和受难者。

此外，不应当认为法国大革命使用的手段都是前所未有的，它创造的所有观念都是绝对闻所未闻的。历史上的所有时代，甚至在中世纪，都曾出现过一些鼓动者，他们为了改变特殊的风俗，都曾引用人类社会的普遍法则，并试图用人类的自然权利对抗国家政体。但是，所有这些尝试都以失败告终，照亮18世纪欧洲的火炬早在15世纪就被不费吹灰之力地熄灭了。要想使这种论据引发革命，人们的地位、习惯、风俗方面必须已经发生了某些变化，才能使人类的思想做好准备，接受这些学说。

当人与人之间千差万别之时，将某个法则应用于所有人对他们来说是不可理解的。在其他时候，只要将某一法则的图景远远地朦胧地向人们展示一下，人们就能发现它并向它奔去。

法国大革命最不寻常之处，并非在于法国大革命使用了各种他们创造的手段并设想了他们创造的思想，其最大的独特性在于大革命的这些手段最终被无数民族使用，大革命的这些准则轻易地被无数民族接受。

第四章

为何几乎全欧洲都有着相同的制度，这些制度在各处又是如何日趋衰败的

那些推翻了罗马帝国并最终建立起近代国家的民族，其种族、国家和语言都不尽相同，只是在野蛮这点上颇为一致。他们在罗马帝国的土地上定居，在一片混乱中，长期互相争斗，而当他们各自的地位被最终确定之后，却发现已被自己制造的废墟隔离，文明几乎全然消失，公共秩序已被摧毁，人际关系变得复杂棘手，庞大的欧洲社会分化为无数个截然不同、相互仇视、各自为政的小社会。然而，从这个不和谐的群体中，突然出现了统一的法则。

这些法则没有模仿罗马法，甚至与之背道而驰，以至于人们曾利用罗马法来对它们加以改造、废除。它们面貌焕然一新，与人类曾建立的所有法则完全不同。它们前后呼应，构成了一个整体，其各部分结构缜密，我们现代法典的条文都无法与之媲美，这些深奥的法则却用于一个半开化的社会。

此种立法怎么会形成、推广并最终在欧洲得到普及呢？我们的目的并非要找出个中原因。可以肯定的是，在中世纪，这一立法就或多或少地在欧洲出现，而且在很多国家，它凌驾于所有其他立法之上。

我有幸研究了法国、英国和德国的中世纪政治制度。随着我深入这项研究，我发现这些法律制度之间存在着惊人的相似之处。我

为之惊叹，这些如此迥异、互不往来的民族却产生了如此相似的法则。这些法则会因为地点的不同，而产生不断的，甚至是无止境的变化，但它们的本质在各处都是一样的。当我在古老的日耳曼立法中发现某种政治制度、规则、权利时，我事先就知道，如果仔细寻找，也真的会在法国和英国找到与其内容完全对应的东西，我果然找到了。只要研究这三个民族中的其中一个，就有助于我更好地理解另外两个。

这三个国家的政府都是按照同样的准则办事，议会由同样的部分组成，拥有同样的权力。社会以同样的方式划分，呈现出同样的等级制度。贵族在其中占据相同的地位，拥有相同特权、相同面貌、相同天性，这些人之间并无差异，在各处都是一个样子。

各城市的制度都是一样的，农村以同样方式管理。农民的状况大同小异，土地也被人们出售、占据和耕种，农民承担同样的义务。从波兰的边界到爱尔兰海，领主权、领主法庭、封地、征收年贡的土地、兵役、封建权力、行会，一切都彼此相似，有时名称都一样。而更值得注意的是，所有这些类似的制度，其精神来源都是相同的。我认为，可以提出这样一种观点，即在14世纪，欧洲各国的社会、政治、行政、司法、经济甚至文学作品都比我们今天更具彼此相似性，尽管今天的文明正努力地开辟道路，似乎打破了所有壁垒，国际交流也有了如此巨大的改进。

我的主题并非要讲述古老的欧洲政体是如何逐渐衰弱并遭到破坏的。我只是想指出，18世纪的时候，它已经衰败到半毁灭状态了。一般来说，这种衰败在欧洲大陆东部不如西部明显，但其迹象是处处可见的。

中世纪各种制度的逐渐衰败，在档案中皆有连续的记载。我们看到，每个领地都有登记簿，那时被称为地籍簿，上面记录了每个世纪的封地、征收年贡的土地的范围，应该缴纳的佃租，应服的兵役及地方使用权。我看过14世纪的地籍簿，它们简洁明晰、井井有条、方法得当，可被视为这方面的典范。随着年代的接近，尽管文明普遍进步了，它们却变得更加晦涩、杂乱无章、毫不全面且条理不清。仿佛市民社会更加文明之时，政治社会却陷入野蛮之中。

与法国相比，在德国，欧洲的古老政体更多地保留着其原始特征，然而即使在此处，它所创立的制度也部分地被摧毁了。我们判断时间的破坏力，不是看时代的久远，而是看那个时代所残存的东西处于何种状态。

13世纪和14世纪的市政管理机构曾使德国的一些大城市成为富裕且文明开化的小共和国。这些机构在18世纪依然存在，但只是个空架子。它们的规章制度似乎仍在生效；市政官员的名称还是一样，做的事情似乎也没有改变，但是它们所激发的能动性、活力、公民的责任感、骁勇善战以及丰富的美德，都已消失。这些古老的市政机构本质上已然崩溃但外表却依然如故。

残存至今的所有中世纪的权力机构都具有同一种弊病，皆是衰败不堪，萎靡不振。更有甚者，所有那些本不属于中世纪政体的东西，也混杂其中并带有中世纪这些机构较为鲜明的痕迹，很快也失去了活力。贵族阶级与之接触后，便也染上了衰老虚弱症；政治自由在整个中世纪硕果累累，然而，任何一处地方，只要还保留了中世纪赋予它的特性，就再无成果。无论何处，只要省级议会原封不动地保留了其古老结构，它们就会阻碍而不是推动文明进步；它们看起来不可思议，难以融入那个时代的新精神，因此民心离之而去，转向王公贵族。这些机构并未因其古老性而受人尊敬，相反，它们的威信日益降低；当它们愈加衰落，危害似乎减少之时，反而激起了更大的仇恨，这真是一件奇怪的事情。一位与旧制度同时代并拥护旧制度的德国作家说道："目前的情形似乎使每个人都受到伤害，有时显得面目可憎。奇怪的是人们现在对一切旧的东西都嗤之以鼻，这些新的感受出现在家庭内部并扰乱了它的秩序。就连主妇们也不愿意忍受那些旧家具了。”然而，同一时期的德国，和法国一样，社会处于极度活跃之中，日益繁盛，但是请特别注意这一点，因为它至关重要：所有活着、行动着、创造着的事物都出自新的东西，岂止是新的，简直就是对立的。

此时的王权与中世纪的王权并无丝毫共同之处，它具备了不同的特性，占据了不同的位置，拥有了另一种精神，激发了另一些情感。此时的国家行政机构向四面八方扩张，延伸至地方权力的废墟。此时的官员等级制度越来越多地代替了贵族的统治，所有这些新的权力机构按章办事，所遵循的那些准则是中世纪的人闻所未闻或者受其谴责的，其实，它们与某个社会状态相关，而中世纪的人对这种社会状态甚至毫无概念。

在英国，乍一看上去，欧洲的古老政体似乎仍然行之有效，但其情形与德国别无二致。如果我们愿意忘却古老的名称，抛开过去的社会形态，将会发现17世纪以来，封建制度已从本质上被废除了，各阶级互相渗透，贵族阶级消失了，贵族政权呈开放状态，财富变成了通向权力的阶石，法律面前人人平等，赋税均等，言论自由，法庭审理公开化；所有这些新原则在中世纪不曾为人们所知。然而这些以巧妙的方式逐渐进入了古老政体的新东西，赋予了旧政体新的活力而使之免于解体，在保留了古老的形式的同时，使之充满了新鲜的活力。17世纪的英国已经完全是个现代国家了，仅在内部仿佛用防腐的香料一般保存着中世纪的某些碎片。

为了便于大家理解后面章节所讲述的内容，我们必须看一眼法国之外的状况。我敢说，无论是谁，如果他只研究或考察法国，就永远不能真正理解法国大革命。

第五章

法国大革命的确切使命是什么

以上的论述都只有一个目的，即澄清我一开始就提出的问题并找到解决问题的办法：大革命的真正对象是什么？它本身的特点到底是什么？为什么正好这样发生了？它实现了什么？

大革命并非像人们认为的那样，是为了摧毁宗教信仰的统治权而爆发的；抛开种种表象，从本质上来说，它是一场社会和政治革命。它并不想在政治制度的范围内使混乱永久延续下去，以某种方式使之成为常态，使无政府主义有条不紊地进行，它并非像那些反对者所说的那样，而是为了增强当局的威信和权力。它也不应像另一些人所想的那样，改变我们的文明直到那时仍保持的个性，阻止文明进步，甚至也不是从本质上改变任何基本法则，西方的人类社会就是建立在这些基本法则之上的。如果我们在谈论大革命之时，脱离了那些发生在不同时期不同国家曾经改变了大革命面貌的那些偶然事件，而只考虑大革命本身，我们便会清楚地看到，这场革命的结果只是摧毁了这些曾经在数世纪里统治大部分的欧洲民族，且常被人们冠以封建制度之名的政治制度，用一个以社会地位平等为基础的、更均等、更简单的社会政治秩序取而代之。

这就是为何要进行一场巨大革命的原因，因为古老的制度与欧洲几乎所有的宗教、政治、法律混为一体，不可分割。此外，这些制度还引发了与之密不可分的诸多思想、情感、习惯、风俗。需要一场动乱来摧毁并从社会的躯体中摘除与所有器官相关联的某个部分。这就使大革命比实际上的更加伟大；它似乎将一切毁灭殆尽，因为它所摧毁的东西与一切相关，且以某种方式与之结为整体。

尽管大革命是一场彻彻底底的革命，然而它并没有像人们普遍认为的那么具有创新性。关于这点，我在后文将会证明。有关大革命的真实情况是，大革命完全摧毁了或正在摧毁着（因为它仍在持续）旧社会中那些源自或产生于贵族制度和封建制度的东西，以及以某种方式与之相关的一切，还有那些带有贵族制度和封建制度的最细微痕迹的东西。对于旧世界，大革命只将其与这些制度格格不入的东西保留了下来，或者只将那些没有这些制度也能存在的东西保留了下来。大革命的不足之处就在于它是一个偶然事件。它出其不意，仅仅是一项最长久的事业的补充，以一种突如其来的、猛烈的方式了断了十代人为之献身的事业。即便它不曾发生，依然矗立的古老的社会大厦也会倒塌，只是这里早些，那里晚些而已，只是它会一块儿一块儿地剥落，而不会轰然倒塌。那些需要依赖自身努力，长时间才能完成的事业，被大革命以一种痉挛式的痛苦的努力一举完成，没有过渡、无须谨慎、毫无顾虑。这便是大革命的功绩。

令人惊讶的是，在今日看来极易辨析的事情，彼时在那些最具远见的人眼中仍然错综复杂、十分模糊。

伯克对法国人说："你们若要纠正政府的弊病，何必创造新的东西？为何不依附于古老的习俗？为何不仅限于恢复自己的古老特权？如果你们无法恢复已经消失的父辈政体的面貌，那么为何不把目光转向我们英国这边？在英国，你们将会找回古老的欧洲共同法则。"他并未认清眼下正在发生的事情，革命的目标正是要废除这一"古老的欧洲共同法则"。他并未发觉这正是关键之所在，而非其他。

但是为何各处都在酝酿具有威胁性的政治革命，而它只在法国而非别处爆发？为何它在法国所具备的某些特点，在别处无迹可寻或只是部分呈现？这第二个问题无疑值得提出；而对这个问题的研究将是如下几编的任务。

第二编

第一章

为何封建特权在法国比在其他各国更遭到人民的憎恶

有件事乍看让人吃惊：大革命的宗旨原本是要在各处消灭中世纪残留下来的制度，但它并没有在中世纪制度保留得最全面、人民对这些严厉制度的束缚感受最深刻的地方爆发，而是在人民几乎感觉不到其束缚的地方爆发了，因而，哪里中世纪制度的桎梏最不沉重，这种桎梏在那里反而显得最无法忍受。

18世纪末，德国境内几乎没有一个地方彻底废除了农奴制，大多数地区的人民还跟在中世纪一样，真正被束缚在封建领地上。腓特烈大帝和玛丽亚·特雷莎军队里的士兵差不多都是地地道道的农奴。

1788年，德国大部分邦国规定农民不得离开领主庄园。倘若离开，无论去哪里他都会被追捕并强行押回庄园。农民受天主教法庭制约，私生活受到监督，纵酒和偷懒都会受到处罚。他们既不可以提升其社会地位，也不能变换职业，未得主人同意甚至不能结婚。他们一生中的大部分时间都奉献给了主人，为其效劳。他们数年的青春时光是在庄园中做仆役度过的。给领主做劳役是天经地义的事，某些邦国的役期长达每周三天。领主房屋的重建和维修，将产品运往市场，这些都是农民的活，此外，农民还负责为主人传递信件。农奴虽然可以成为土地所有者，但他的所有权始终是非常值得怀疑的。他只能在主人的监视下以某种方式耕种自己的土地，他不能随意转让和抵押自己的土地。有时候,领主强迫他出售自己的产品,有时候,领主又不许他出售,对农民来说,耕作始终是一种强制性的劳动。

他的遗产甚至也不能全部由他的子女继承,其中的一部分通常被领主克扣。

我并没有在陈旧的法律中查阅这些条文,我是碰巧看到的,就在伟大的腓特烈[1]拟定、其继位者在大革命刚刚爆发之际颁布的法典当中。

---

1 在腓特烈大帝的诸多功业中,最不显眼的就是依照他的命令起草,继而由继位人颁布的法典。即便在普鲁士,知道它的人也是寥寥无几。然而,我想不出还有什么能比这部法典更能展现腓特烈本人及其时代的特征,抑或是比它更能彰显二者之间的相互影响。

从"宪法"一词被赋予的含义来看,这部法典堪称名副其实的宪法。它不仅规定了公民与公民之间的关系,更界定了公民同国家之间的关系:可谓既是民法,也是刑法,还是宪章。

法典的基础是由(或者看似是由)若干一般原则构成的。这些原则富含哲理且极其抽象,在很多层面上,都与1791年宪法中的《人权宣言》颇为相似。

法典宣称,国家和居民的福祉是社会存在的目的,在法律限制的范围中;除非出于共同利益的考虑,法律不得节制公民的自由和权利;国家里的每一个成员都应依其地位和财产为公共利益效劳,个人权利更要服从于公共利益。

法典丝毫未提及王位继承权的问题,甚至连区别于国家权利的个人权利也未提及。唯一可指称王权的就是国名。

相反,它却论及一系列普遍人权:在不损害他人的前提下,合理谋求自身利益的天赋自由乃是普通人权的基石。一切未被自然法则或国家法律禁止的行为都是允许的。任何居民都有权要求国家保护其人身和财产安全,倘若国家不予援助,居民则有权诉诸武力自卫。

上述重大原则陈述过后,立法者并未像1791年宪法一样,就此引申出人民主权的条款和自由社会中人民政府的组织形式,而是笔锋突转,得出另一种同为民主却不自由的结果;立法者认为国王是国家的唯一代表,应赋予他全社会所享有的一切权利。法典中,君主不再是上帝的代言人,仅是社会的代表、代理人和公仆,腓特烈在其著作中如是写道;但是,君主作为社会的唯一代表,可独自行使一切权力。法典的序言中写道,国家元首的职责是谋求公共福祉,这也是全社会的目标。因而,他有权指引、协调个人行为,使其趋同于这个共同目标。

在这位全能的社会代理人的主要职责中,我发现还有如下几项:对内维护公共和平与安全,使每一位国民免受暴力侵害;对外可缔结和约,发动战争;唯有他才有权颁布法令,制定普遍的警察规章条令;唯有他才可颁布赦令,撤销刑事诉讼。

国内一切协会和公共设施都处于君主的监察和领导之下,服务于社会和平与公共安全。为履行自身义务,君主需拥有固定收入和切实可行的权力;故而,他有权就私有财产征税,依照职业、商业、产品或消费等名目,对国民征税。公职人员在职权范围内以国王的名义行事,他们的命令同后者一样,理应被遵行。

我们即将看到,如此极富现代精神的头脑却支配着一具全然哥特式的躯体。腓特烈不过是剔除了种种能够妨碍他行使权力的因素,继而形成一个巨大的怪物,好似从一种造物到另一种造物的过渡产物。在这奇怪的产物中,腓特烈所表现出的对逻辑的蔑视,丝毫不亚于他对权力的关注,他无意自找麻烦,对尚有气力自卫的东西(转下页)

（接上页）发动攻势。农民——除个别区域和地方以外——均处于世袭奴役制之下。这种制度不仅限于土地所有而带来的劳役和服役，还延伸到土地所有者本身。

地主的绝大部分特权被法典重新认可，甚至可以说，这些特权是与法典背道而驰的。因为法典宣称，当地方习俗同新法相悖时，一律以后者为准。这正式宣告了，除非依照司法程序进行赎买，国家不得废除上述特权。

法典的确废除了农奴制，同时也确立了人身奴役制。然而，取而代之的世袭隶属制仍旧是一种奴役，一如人们通读法典文本时做出的判断。

法典精心将资产阶级同农民区别开来；在资产阶级和贵族之间，还存在一个中间阶级。这一阶级的成员包括非贵族出身的高级官员，教士和高等学府、中学、大学的教师。

这些资产者有别于资产阶级，也不与贵族相混淆；相反，他们的地位处于贵族阶层之下。他们不得购买骑士财产，不得在民政部门位居要职，不得进宫觐见，即便在极特殊的情况下得以进宫，也不得携带家眷。在法国，这种低人一等的境遇尤其使人伤心，因为这一阶层更有教养，影响力更大，即便不占据最风光的职位，也承担着最繁重和最有效的工作。对贵族特权的强烈不满，在法国极大促进了大革命的爆发，在德国则萌发了最初对大革命的认同情绪。法典的核心编纂者虽是资产阶级出身，却无疑遵从了主子的命令。

在普鲁士境内，欧洲旧秩序的势力尚未足够薄弱。所以腓特烈尽管对此十分鄙视，仍然确信要想彻底清除余孽，尚待时日。大体上，他只是剥夺了贵族集会和共同治理的权利，转而赋予他们个人诸多特权；不过是限定和规范了权利的使用。这部法典虽说是按照我们法国哲学家弟子的指示起草、在大革命爆发后颁布执行的，它却是最真实、最新的法律文件，它为大革命试图消灭的不平等的欧洲封建制度提供了法律基础。

法典宣称贵族才是国家的主体；有能力履行职责的贵族，享有优先被提名担任荣誉职位的权利。唯有他们可持有贵族财产，创立继承代理，享有贵族与生俱来的狩猎权和司法权，以及资助教堂的权利；只有他们才能以自己的名字命名地产。极个别获得许可而占有贵族财产的资产者，只能在严苛的限制内，享有与所持地产相符的权利和荣誉。倘若某个资产者是贵族财产的持有人，他也不得将其传给资产阶级继承人，除非继承者是其直系亲属。一旦没有这样的继承人或其他贵族继承者，其财产只能拍卖。

腓特烈大帝法典最具特色的部分要属附加的政治层面的刑法。

尽管法典中存在封建专制的成分——正如我在前文概述的——腓特烈·威廉二世，腓特烈大帝的继承人，还是从其叔叔的杰作中嗅出了革命的苗头，一直推迟到1794年才公之于众。据说，唯有借助精妙的刑法条文来修改法典的不足之处，才能让他感到放心。人们的确从未见过，迄今也不曾见过比这更全面的刑法了。不但起义和谋反会招致最严厉的惩处，就连对政府行为的不敬批评也会遭到残酷镇压。禁止购买、分发危险读物：印刷商、编辑和传播者均要为作者的行为负责。宴会、化装舞会等娱乐活动被视为公开集会，需事先征得警察的批准。在公共场所聚餐同样如此。出版和言论自由处于严密的专横监视下。禁止携带火枪。

在这部一半取自中世纪的法典中，还有一些条款，其中蕴含的中央集权的极端精神与社会主义非常相似。法律宣称，国家有责任为那些无法自力更生，或无权向领主及市镇求援的人们，提供食物、职业和酬劳：应保证让这些人从事力所能及的劳动。此外，国家有权取缔滋长好逸恶劳陋习的基金会，并将其资财分发给穷苦人。

腓特烈大帝法典处处呈现出理论上大胆革新，实践上谨慎小心的特点。一方面，它宣布了现代社会的重要原则——人人须平等纳税；另一方面，它却保留了诸多包含免税办法的地方法规。法典规定，臣民和国王之间的诉讼同样要遵循其他一切诉讼的形式和规定来处理；可实际上，当它与国王的利益、意愿相抵触时，这则法条就形同虚设。人们一面大肆炫耀无忧宫的风车，一面却在其他场合下悄悄地践踏法律的公证。（转下页）

类似的情况在法国早已不存在：农民来去自由，买卖不受限制，能随意处理其财产，可以任何方式耕作。农奴制的最后残余只能在东部一两个被征服的省份中见到。在别处，所有地方，农奴制已经绝迹，而且，废除农奴制的日期离现在太遥远，已经记不起。这方面的最新研究证明，诺曼底早在13世纪就废除了农奴制。

但在法国，还发生了另一场旨在改善人民地位的革命：农民不仅不再是奴隶，而且成为土地所有者。这一事实今天尚未被充分确定，但就像你们将要看到的，它带来了诸多的影响，请允许我在此稍停片刻，考量一番。

长期以来，人们都认为地产的划分起始于大革命，而且只能是大革命的产物。而各种证据证明，事实并非如此。

至少在大革命前二十年，就有一些农业协会抱怨土地被过度分割。大约在同一时期，杜尔哥[1]说道："遗产被过度瓜分，原来只够养活一家人的土地被五六个孩子瓜分。这些孩子以及他们的家庭从此便再也不可能仅仅以土地为生。"几年后，内克尔[2]也说法国遍地都是农村小地产主。

在一份大革命的前几年写给某位总督的秘密报告中，我读到："遗产正以一种平等而令人担忧的方式被再次瓜分，每个人都想得到一份，各处的土地都被无止境地分割，再分割，没完没了。"你一定以为这些文字是今人所写的吧？

我不辞劳苦地查阅资料，希望在某种程度上还原旧制度的土地

（接上页）普鲁士人对这部法典的公布知之甚少，这足以证明法典表面力主革新，实际上改革之效甚微。所以，倘若有人想借此了解18世纪末普鲁士社会的真实情况，那真可谓咄咄怪事了！当时只有法学家研究它，如今即使在有学识的人群中，大多数人也从未读过。——原注

1 杜尔哥（1727—1781）：法国经济学家，重农学派主要代表之一，曾任法王路易十六的财政大臣。著有《关于财富的形成和分配的考察》。

2 内克尔（1732—1804）：法国路易十六的财政总监与银行家。

册，在许多地方我都做到了。1790年的法令确定了土地税，根据这项法令，各教区必须编制一份该区现存的地产清单。这些清单大部分已遗失，不过，不少村子的清单我都找到了。当我将这些清单与我们今天的名册作比较的时候，我发现，在这些村子里，地产主的数量是现今数量的二分之一，很多时候占到三分之二。这个数目显然很可观，你不妨想想，自那以后法国总人口增长了四分之一多呢。

如同现在，那时的农民对地产也表现出疯狂的爱，农民身上占有土地的所有激情都被点燃了。当代一位出色的观察家说："土地总是以超越其价值的价格出售，因为所有居民都热切地想成为地产主。在法国，下层阶级的所有积蓄，不论是投放给个人还是国债，都用在了购买土地上。"

阿瑟·扬第一次来法国旅行时发现了许多新鲜事，给他印象最深的莫过于农民大量分割土地的现象。他断言法国的一半土地都掌握在农民手中。他常说："我当时绝对没有想到会出现这种情势。"确实如此，这种情势除了在法国或其邻国，世界上任何地方都不存在。

英国历史上也曾出现农民拥有地产的现象，但数量已减少了许多。德国的各个时代和各处都能看到一些完全拥有土地的自由农民。那些涉及农民地产管理的特殊的、往往很奇怪的法律同样出现在日耳曼最古老的习俗中，但是农民的地产向来都是一种特殊现象，小地产主的数量也极少。

18世纪末，德国某些地区的农民成为土地所有者，并且几乎跟法国农民一样自由，这些地区大多位于莱茵河流域，这也是法国革命激情传播得最早的地区，那里的革命激情始终最为强烈。而德国那些长期不为革命激情渗透的地区，就是还没有发生类似变化的地方。这点值得注意。

因此，认为法国地产的划分始于大革命，这是一种普遍的谬误，地产的划分远远早于大革命。大革命确实卖掉了教士的全部土地和贵族的大部分土地，但是，如果你查阅一下当时出售土地的记录——就像我有时不厌其烦地查阅那样——你就会发现这些土地大部分是被那些已经拥有另一些土地的人买下的。因此，即便地产被转卖，地产所有者的数目并不像人们想象的那样增长了许多。按照内克尔的说法——他总是夸大其词，不过这回很中肯——法国已经遍地是土地所有者。

大革命的结果不是划分土地，而是暂时性地解放土地。其实，所有这些小地产主经营他们的土地时都感到极不舒服，承受许多他们无法摆脱的地役。

地役的负担无疑是沉重的，但是，使农民觉得无法忍受的却是似乎应该减轻其负担的环境：这些农民已经摆脱了领主的管辖，欧洲其他地方没有一处像法国这样。这是另一场革命，跟那场使农民成为土地所有者的革命一样伟大。

旧制度虽然离我们还很近——因为我们每天都能遇到在旧制度法律下出生的人——但它似乎已经在蒙昧时代消逝。那场将我们与旧制度隔开的彻底革命给人的感觉像是过了数世纪：它使大革命未摧毁的一切变得难以理解。因此，今天很少有人能确切地回答这个简单的问题：1789年以前农村是怎样治理的？的确，不好好地研究那个时代的行政档案，就不可能精确而详尽地回答这个问题。

我常听人说：贵族虽然长期以来已不再参与国家的管理，但自始至终未放弃农村的管理权，农民受领主的统治。这种观点显然是错误的。

18世纪，教区的所有事务都是由官吏主持的，他们不再是领地的代理人，也不再由领主选定。一些官吏由该省总督任命，另一些则由农民自己选举。他们负责分摊捐税，修缮教堂，建造学校，召集和主持教区大会。他们监理公社财产，确定其用途，以集体的名义起诉、辩护。领主不仅不再负责管理所有这些地方小事，也不进行监督。就像我在下一章要指出的那样，教区所有官吏都隶属中央政府的管辖或受其监督。此外，几乎再也看不到领主作为国王在教区的代表或作为国王与居民之间的中介人行事。领主也不再负责贯彻国家普通法、征兵、收税、宣布君王的命令、分发救济品。所有这些义务和权利都属于他人。领主其实只是一个居民，只不过享有免税权和一些特权，而这些造成他与所有人的隔离和孤立。他的地位与别人不同，而非其权力。总督们在写给下属的信中特意提醒他们，领主只是第一居民。

如果您走出教区，赴（行政）大区进行考察，你会再次见到这一情景。在所有地方，贵族不再代表集体掌管事务，仅仅作为个人参与。这种情况只为法国独有。别处，所有地方，古老的封建社会的特征还部分地保留着：拥有土地与统治居民仍然合而为一。

英国是由那些最重要的土地所有者管理和统治的。在德国的一些地区，君主们彻底摆脱了贵族对国家一般事务的监控——如同在普鲁士和奥地利——但他们给贵族保留了大部分的农村管理权，即使在某些地方君主甚至能控制领主，他们未能占据领主的位置。

说真的，法国贵族很久以来就不再涉足国家的管理了，除了一个方面——司法权。贵族中的要人有权拥有法官，后者以他们的名义对某些诉讼进行裁决，并且在领地范围内不时地制订治安条例。但是王权逐渐削弱了领主的司法权，对其加以限制并使其隶属于它，结果是，那些还在行使司法权的领主就把它看作一项收入来源，而非权利。

贵族的所有特权都是如此。政治部分消失了，只有金钱那部分留了下来，有时还越来越大。

此刻，我只想谈谈那部分尚未失效、还完好地保留着封建权利之名称的特权，因为它们与大众最为相关。

如今很难说出这些封建权利在1789年还包括哪些内容，因为它们数量庞大，类别繁多，而且有些已经消失或已经转化。因此，指称封建权利的那些词语的意思，对当时的人来说已经很杂乱，对我们来说就更晦涩难懂了。不过，当查阅18世纪封建法专家的著作并认真研究地方习俗时，我们发现现存的所有封建权利可以归入几个主要的类别。其他的确实还存在，但只是孤立的个别现象而已。

领主徭役的痕迹差不多在各处有一半已经消失。大部分道路通行费都削减了或已取消，只有几个省份，仍可见到好几种道路通行费。所有省份的领主都征收集市税和市场税。众所周知，在整个法国，领主享有狩猎的专属特权。一般情况下，只有他们拥有鸽棚和鸽子。几乎各地的领主都要求农民来他们家的磨坊磨面，用他们的压榨机榨葡萄。一项普遍而极其昂贵的税是土地分块出售税和变卖税，也就是说，人们在领主辖区内每次出售或购买土地都得向其领主纳税。最后，在（法国）整个领土上，土地都被征以重税，如现金租税、地租以及现金或实物杂税，这些税由地产主向领主交纳，地产主无权赎回。透过所有这些花样能发现一个共同特点：所有这些权利都或多或少与土地或其产品有关，全都损害耕种土地的人的利益。

我们知道，教会领主享受同样的利益。教会与封建制度在起源、目的和性质上都完全不同，但它最终却与封建制度紧密结合在了一起。尽管教会从未完全与这个不相关的实体融为一体，却渗透其中，停留在那里，像是被镶嵌在了里面。

因此，主教、议事司铎、修道院院长因其教职的不同而分别拥有采邑或征收年贡的封地。修道院也有领地，其所在的村庄通常就是它的领地。在法国唯一还有农奴的地区，修道院还拥有农奴。它使用徭役，征收集市和市场税，有自己的烤炉、磨坊、压榨机、公牛。在法国如同在整个基督教世界，教士还可以征收什一税。

不过，在这里，对我来说最重要的是我注意到整个欧洲到处都能见到同样的甚至完全一样的封建捐税，而且，它们在欧洲的大部分地方比在法国繁重得多。我只举领地徭役为例。在法国，徭役极少见且温和，在德国则依然普遍且残酷。

还有几种源于封建制度的捐税如什一税、不得转让的地租、永久性租税、土地分块出售税和变卖税，它们曾激起我们先辈最强烈的愤慨，被认为不仅有违公正，而且与文明背道而驰，在18世纪有些夸张的语言里，这些统统被称作地役权，所有这些现象在当时的英国都部分地存在，有好几种甚至今天还能见到。尽管如此，英国农业仍然是世界上最完善和最富饶的，英国人民也几乎未感到它们的存在。

那么，为什么同样的封建权利在法国人民的心中却激起仇恨，如此强烈以至仇恨的对象消失了还继续存在，而且似乎无法平息了呢？产生这种现象的原因，一方面是法国农民已成为土地所有者，另一方面是他们已完全摆脱了领主的统治。可能还有其他原因，但我认为这两点是最主要的。

如果农民不拥有土地，对封建制度压在土地所有者身上的多种负担便无所感知。什一税与佃农有何关系？佃农从租种的产品中提交就是了。地租与一个没有地产的人有何关系？经营中的种种剥削与一个替别人经营的人又有何关系？

另外，如果法国农民仍旧受领主统治，封建权利对他们来说就不会显得那么难以忍受，因为他们会发现这不过是国家体制一种自然的结果。

当贵族不但拥有特权，还拥有政权时，当贵族既统治又管理时，他们的特权可能会更大却不易被察觉。在封建时代，人们看待贵族就像我们今天看待政府（贵族在人们心目中的形象类似于今天政府在我们心目中的形象）。为了取得贵族给予的种种保障，人们忍受贵族强加的所有负担。贵族享有令人厌恶的特权，征收昂贵的捐税，但他们保障公共秩序，主持公正，执行法律，救济弱者，处理公共事务。随着贵族不再做这些事情，贵族特权的压力便显得更加沉重，他们本身的存在最终也变得不被人理解。

请你们想象一下18世纪的法国农民，或者你们了解的法国农民。他们还是老样子：地位变了，但性格未变。以下就是我从资料上看到的农民形象：他酷爱土地，将全部积蓄用于购买土地，无论多贵都要买。为了得到土地，他首先得付税，不过不是给政府，而是给邻近的地产主，这些人跟他一样不参与公共事务管理，差不多跟他一样无权无势。最终他得到了一块土地，他把他的心和种子一起埋进了地里。在这茫茫世界里，这小块地是属于他本人的，他心中充满自豪感和独立感。可是邻近的那些地产主突然出现了，把他从他的地里拉走，要他去别处干活，还不给工资。他想捍卫他的种子以免成为这些人的猎物，可是他们不让他这样做。他们在小河的渡口等他，要他付通行税。在市场上，他又看到这些人，要他购买在此出售其农产品的权利。当他回到家，打算把剩下的麦子自己食用——因为这是他亲手种植，看着长大的——但他只能把麦子送到这些人的磨坊里磨成面粉，再放进他们的烤炉里做成面包。他那小块地的收成有一部分就成了交给这些人的租金，而且这些租金既不受时效约束也不能抵消。

无论他做什么，路上他到处都能碰到这些讨厌的邻居，他们干扰他的幸福，妨碍他的劳动，吞食他的产品。而当他好不容易摆脱了这些人，另一些穿黑袍的又出现了，夺走了他的绝大部分收成。想想这位农民的处境，他的需求，他的性格，他的感情，如果你能够的话也请你计算一下，此农民心中聚集了多少仇恨与嫉妒啊。封建制度已不再是一种政治制度，但它仍然是我们所有民事制度中最繁杂的一种。封建制度的程度减弱了，激起的仇恨却更强烈，确实可以这么说：中世纪制度一部分被摧毁后，剩下的那部分就会让人感到无比憎恶。

第二章

行政集权是旧制度的一种体制，而并非如人们所说是大革命和第一帝国的产物

很久以前，当法国还有议会政治的时候，我曾听一位演说家在论及行政集权时说道："这是法国大革命的辉煌战果，令全欧洲羡慕不已。"我希望行政集权是辉煌战果，我也同意欧洲因此羡慕我们的这种说法，但我坚持认为这并不是大革命的战果。恰恰相反，这是旧制度的产物，我还要补充说，这是没有被大革命摧毁而幸存下来的唯一的旧制度下的政治体制，因为只有这部分适应了大革命所创建的新的社会政体。如果您耐着性子认真读完本章，也许会发现我对我的论点作了极其充分的论证。

请允许我先将三级会议省份放在一边，以后再谈。所谓三级会议省份，即自治省份，或者更确切地说看上去还在部分自治的省份。

这些地处法兰西王国边远地区的三级会议各省，人口几乎只占法国总人口的四分之一，而且只有两个省，里面的省自由权是真正有效的。我以后还会再谈论三级会议省份，并指出中央政权以何种野蛮的方式强迫这些省份服从共同规则[1]。

在这里，我想着重谈谈当时的行政语言称作财政区的地方，尽管这里的选举比其他任何地方都少。这些财政区从四周将巴黎包围起

1 请看附录。——原注

来，它们结为一体，形成法兰西共同体的中心和最重要的部分。

当你第一次审视法兰西王国旧的行政制度时，你首先就会发现那里的规章制度和权力机关多种多样，职权纷繁复杂。法国遍地都是行政机构或个体官吏，这些官吏彼此无依属关系，因为他们是依据各自所买的某个职位参与政府管理的，而且其职位是不可剥夺的。他们的权限十分混乱且无甚差别，因而在同类事务的圈子里总是推推搡搡，发生冲突。

一些法庭间接分享立法权，它们有权制订行政规章制度并在其管辖范围内强制执行。有时，对严格意义上的政府部门，法庭持抵抗态度，毫不留情地指责政府的种种措施，向政府官员颁布法令。一些普通法官则在他们居住的城市和乡镇制订治安法令。

城市的管理机构五花八门。行政官员名称也各不相同，或者他们的权力来源不同：这个城市是市长，那个城市是行政官，其他城市则是行会理事。有些行政官员是国王选定的，有些是旧领主或拥有采地的亲王选定的。有的是由该城市的公民选举的，任期一年，有的是花钱买来的，拥有永久统治其公民的权利。

这些是旧政权的残余，而在这当中逐渐建立起一种相比而言是新颖的或已被改造的东西，我会在后面加以描述。

王国的中央，靠近御座的地方，形成了一个拥有某种特殊权力的行政机构，所有权力都以新的方式聚集于此，这就是枢密院。

枢密院起源于古代，但是，它的大部分职能是新近产生的。它身兼两职：既是最高法院（因为它有权撤销所有普通法院的判决），又是高级行政法庭（因为所有特别司法权最终都源于此）。作为行政法院，枢密院还拥有立法权（根据国王的意志），讨论并提出大部分的法律，规定税额、分派捐税。作为最高行政法庭，它必须制定对政府官员具有引导作用的总规章制度。它自己就可以决定一切重大事务，监督下属职权。一切最终都由它过问，各部门都听它的指令。然而，枢密院并没有真正的权利。国王一人决断，枢密院似乎只是宣布国王的决定。它似乎有司法权，其实只是由一些献策者组成的一个顾问机构，最高法院在一封谏书中就是这么说的。

枢密院的成员不是大领主，而是出身中等或低微的人、前总督和其他有实际经验的人，所有成员均可撤换。

一般来说，枢密院的行动是秘密的，无声无息，它始终踏踏实实做事，不图虚名。如此一来它自己没有任何光辉，或者更确切地说它消失在身旁王权的光辉中。它的权力如此之大，无所不管，同时却又如此默默无闻，几乎不为历史所注意。

国家的整个行政管理由一个机构主持，同样，内部事务的全部管理几乎都交给了一位官员，即总监察长。

如果打开一本旧制度年鉴，你会看到每个省都有自己的特别大臣，但是，如果你研究一下卷宗里的行政管理，你立即就会发现，各省大臣很少有机会发挥自己的作用。日常事务都是由总监察长把持，渐渐地，他将所有与钱相关的事务即差不多所有公共管理都归入自己的职权。他的角色不断变化，时而是财政大臣，时而是内政大臣，今天是公共工程大臣，明天又是商务大臣。

中央政府在巴黎只有一位官员，这是真的，同样，它在各省也只有一位官员。18世纪还能看到一些大领主带有省长的头衔。他们是封建王权的旧代表，常常是世袭的。人们仍授与他们一些荣誉，但他们不再拥有任何权力。总督则掌握统治的全部实权。

总督出身平凡，始终同外省没有任何关系，他年轻，有自己的成功之路。他并不是靠选举、出身或买官职行使其权力的，而是由政府从行政法院的下级成员中选出的，其职位随时可以被撤销。他虽然已从行政法院分离出来，但仍然代表行政法院，正因为如此，按照那时的行政语言，人们称他为委派专员。他手中几乎掌握着行政法院拥有的全部权力，他在初审就行使这些权力。像行政法院一样，他也身兼两职：既是行政官又是法官。总督同所有大臣通信，他是政府所有意志在外省的唯一代理人。

比他低一级并且由他任命的，是设置在各行政大区、可任意撤换的一种官吏——总督代理。总督通常是新封贵族，总督代理则始终是平民。不过，在他管辖的小区域内，他代表的是整个政府，就像总督在整个财政区那样。他隶属于总督，就像总督隶属于大臣。

据达尔让松伯爵在他的《回忆录》中所讲，约翰·劳有天对他说："我永远都无法相信我任财政监督时见到的事情。要知道，法兰西王国是由三十个总督统治的。你们没有最高法院，没有三级会议，没有省长，各省的祸福和贫富全取决于这三十位外省的行政法院的审查官。"

这些官吏拥有很大的权力，但在封建旧贵族的残余面前却相形见绌，仿佛消失在旧贵族的余晖中。所以，那时代人们几乎看不到总督，尽管后者的手已经伸向了四面八方（无所不管）。在社会中，贵族比总督具有更多的优势，无论是地位、财富还是受人敬重的程度，尽管这种敬重总是与旧事物相关联。在政府里，贵族围着国王转，形成王宫。他们指挥舰队，率军作战。简言之，贵族的所作所为不仅是那时代最吸引人眼球的，还常常令后人舍不得移开目光。你要是提议任命某个大领主为总督，这便是对他的侮辱，最穷的贵族也常常不屑于当个总督。在贵族眼里，总督是僭权者的代表，是有产者和农民推荐到政府任职的一批新人，总之，是一些无关紧要的小人物。然而，正如约翰·劳所说的和我们将要看到的那样，正是这些人统治着法国。

我们先从捐税权开始吧，可以说它包括了其他所有权力。

我们知道，捐税中有一部分是包税，对这些税来说，枢密院得同金融公司洽谈，商定契约的各项条款并确定征收方式。所有其他捐税，如旧制度的军役税、封建时代的人头税以及二十分之一税，均直接由中央政府官员确定和征收,或在他们无所不能的监督下进行。

关于军役税和众多与其相关的附加税,其总额及其在各省的摊派额都是由枢密院每年通过一项秘密决议来确定的。军役税就这样逐年增长,人们事先却听不到任何风声。

由于军役税是一项古老的捐税,因而过去,课税基数与征税都是委托给地方官员的,这些官员或多或少独立于政府,因为他们不是凭出身或选举上任,就是捐来的官职。他们是领主、教区征税员、法国财务官、财政区内的税收官。这些重要人物18世纪还存在,但有些人已彻底不管军役税了,其他人也只是将它放在极其次要或完全从属的地位。甚至在这方面,整个权力都被总督和他的那些地方官员所掌握,而事实上,在教区间摊派军役税,指挥、监督征税员,准予缓征或免征,这些都是总督一个人所为。

另一些捐税如人头税由于新近才出现,所以政府在征收此税时不再受旧政权残余的束缚,它独自行事,无须受统治者的干预。每项纳税额的总金额都由总监察长、总督和枢密院来确定。

我们现在从钱转到人吧。

我们有时感到很惊讶:大革命及随后的年代,法国人竟然能如此温顺地忍受征兵的桎梏。但是不要忘了,法国人在这之前很早就已经完全屈从于这种制度了。征兵制之前是自卫队——它的负担更重,尽管所需兵员量小一些。有时,人们让农村青年抽签,以这种方式招募到一些士兵,组成自卫军团,士兵的服役期为六年。

由于自卫队是一种比较现代的制度,旧的封建政权没有一个愿意管理,全部事项都由中央政府的官员负责。枢密院确定总兵额及各省份额。总督规定各教区征兵人数,总督代理则主持抽签,判定免除兵役的案例,挑选可以驻守家中的自卫队队员,最后将那些应开拔的队员交与军事机构。要求免征只能求助于总督和枢密院。

也可以说,在三级会议省份之外,所有公共工程,甚至那些用途最特殊的公共工程，都只能由中央政府的官员来决定并担任总指挥。

还存在着一些独立的地方当局如领主、财政局、路政官，它们可以协助这部分公共管理。但是，稍微查阅一下当时的行政管理文件，我们就会发现这些旧机构差不多在各处都很少发挥作用或不再有所作为。所有大路，甚至城市间的道路，都是依靠总税收来开辟和维护的。枢密院制订规划、裁定招标人。总督指挥工程师的工作，总督代理召集施工的劳役。人们只把村间小路的管理丢给地方旧政权，而这些小路自那时以来一直不能通行。

中央政府在公共工程方面的重要代理机构是公路与桥梁工程局，跟我们今天完全一样。尽管时代不同，这里的一切却非常相似。公路与桥梁工程局的行政机构包括一个顾问处和一所学校，督察员每年必须跑遍整个法国，工程师住在现场，并遵照总督的指令负责指挥那里的所有工程。旧制度的机构有许多被搬入新社会（其数量比人们想象的大得多），转移过程中通常都失去自己的名称，即便还保留着原来的形式。但是，公路与桥梁工程局既保留了名称，又保留了形式，这种情况罕见。

中央政府在其代理人的协助下独自负责维持各省的治安。骑警小分队遍布法兰西王国，在各省都受总督指挥。多亏这些骑警队士兵（必要时还动用军队），总督总能在发生任何意外危险时出现，扣留流浪汉，制止行乞，平息因粮价上涨而不断爆发的骚乱。被统治者再也不必像从前那样响应政府的号召帮它完成上述任务，除了在城市，一般来说，城里都有保安队，保安队的士兵由总督挑选，军官也由总督任命。

司法机构保留着制订治安条例的权利并经常使用此权利，但这些条例只适用于一部分地区，而且常常只能在一个地方可用。枢密院随时都能取消这些条例，当事关下级法院时，它也不断这么做。枢密院自己每天也在制定一般性条例，它们同样适用于整个法兰西王国,所涉及的方面或是与法院制定的规章不同,或是相同但与法院制定的方式不同。这些条例——或如那时人所说的枢密院判决书——数量庞大,并随着大革命的临近而不断增加。大革命前四十年间,社会经济或政治组织方面,几乎没有不被枢密院的判决修改的部分。

在旧的封建社会,领主的权力很大,但他的责任也很大。他必须赈济其领地内的穷人。我们在1795年的普鲁士法典中找到了欧洲这一古老法规的最后痕迹,其中说到:"领主务必使穷苦农民接受教育。他应尽可能向其诸侯中没有土地的人提供生活来源。如果他们当中有几个人陷入贫困,他有义务救助他们。"

类似的法律在法国早就不存在了。人们剥夺了领主的旧权力,领主便同时也摆脱了旧义务。没有任何地方政权、议会、省或教区协会取代领主。法律不再规定任何人有照顾农村穷人的义务。中央政府果断地包揽了独自救济穷人的责任。

每年,枢密院都会根据总税收情况向各省拨付一定资金,由总督作为救济金分配给各教区。贫穷的农民必须向总督申请救济。饥荒时期,总督则派人向民众发放小麦或米。枢密院每年都会做出判决,下令在它指定的某些地方建立慈善作坊,最穷苦的农民可以在那里工作,获得一份微薄的工资。一项慈善,来自那么遥远的地方,可以想见往往是盲目的或有些心血来潮,并且总是很有限的。

中央政府并不只是赈济生活贫苦的农民,还要教给他们致富的方法,帮助他们致富,必要时还强制他们致富。为此,中央政府让总督和总督代理不时地散发一些有关农艺的小书,它还创办农业协会,筹备奖金,花很多费用供养苗圃,将苗种分给农民。中央政府要是能减轻农民的负担,使压迫农业的种种捐税间的不平等缩小,它的势力可能会更大。而显然,这一点正是它从未想到的。

有时,枢密院想强迫个人发家致富,不管他们是否有这种愿望。强迫手工业者使用某些方法、生产某些产品的法令数不胜数。由于总督的数量不足以监督人们执行所有这些规定，于是出现了工业总督，为了监控各地执行法规的情况，他们的足迹遍布各省。

枢密院还做过一些判决，禁止在它宣布不宜种植的土地上种植某些作物。有的判决还下令拔掉已种植的葡萄，因为在它看来那是一片劣质的土壤，由此可见，政府的角色已变换，从统治者变为监护人了。

第三章

为何我们今天所说的行政监督是旧制度的一种体制

在法国，城市自由在封建制度瓦解后继续存在。领主已不再治理乡村的时候，城市依然保留着自治权。17世纪末还能见到这种城市，它们继续组成一些小的民主共和国，那里，行政官由全体人民自由选举，他们也对人民负有责任。那里，城市生活是公共的、活跃的，城市仍然为自己的权利感到骄傲并十分珍视自己的独立。

选举制直到1692年才第一次普遍废除。于是，城市的各种职务都被拍卖，也就是说国王在每个城市向某些居民出售永久统治他人的权利。

放弃城市自由，同时也就牺牲了城市的福利。如果只涉及法院，变卖公共官职常常会产生好的效果，因为好法院的首要条件就是法官的完全独立。而如果涉及的是严格意义上的国家行政，变卖公共官职必然是极其有害的，因为在政府部门，人们尤其需要感受责任心、服从和热忱。旧君主制政府在这点上没有弄错，它小心翼翼，绝不将强加于城市的制度用于自身，绝不出卖总督和总督代理的职务。

应该受到历史嘲讽的是，这场伟大的革命在无任何政治目的的情况下完成了。路易十一限制城市自由，因为它的民主特性使他感到恐惧，路易十四消灭城市自由但并不害怕它，事实证明，他要把城市自由还给所有那些有能力赎回的城市。实际上，他是想拿城市自由做交易，而并非要废除它们。即使他真的废除了城市自由，可以说那也是他没有想到的，纯粹是一个不得已的搞钱的办法。奇怪的是，这同一种游戏居然持续玩了八十年。在此期间，政府七次向所有城市出售选举城市官员的权利，当这些城市重新尝到其中的甜头时，政府又将这种权利收回以便再次出售。此方法的动机始终未变，人们也常常供认不讳。1722年敕令的前言说道："财政拮据迫使我们去寻找最可靠的办法来缓解经济危机。"这办法的确很可靠，但对于那些承受这突如其来的捐税的人来说却是毁灭性的。1764年，一位总督致函总监察长说："历代为赎买城市官职而付的钱数是如此巨大，令我震惊。这笔财政经费若用于有益的工程会对城市有利，而事实却是，城市只感到这些官职享有的种种特权带来的沉重负担。"在旧制度所展现的全貌中，我没有看到比这更可耻的特征了。

今天似乎很难准确地说出18世纪城市是如何管理的，因为正如刚才所说，不管城市政权的起源如何不断变化，每个城市依然保留着某些旧体制的残余，同时又有自己的习俗。也许法国没有两座完全相同的城市，但这种差异是虚幻的，事实并非如此。

1764年，政府着手制订一项有关治理城市的普通法规，要求总督上交每个城市处理事务的方式的备忘录。我找到了这次调查的部分档案，最终我确信几乎在各处城市事务都是以同样的方式被管理的。差异只是表面的，显而易见，本质在各处都相同。

城市政府常常被委托给两个大会。所有大城市以及大部分小城市都是如此。

第一个大会由城市官员组成，人数可多可少，根据地点而定。这是市镇即那时所称的城市政府的行政机构。议会成员行使临时权利，并且是经选举产生的——在国王创立选举制或城市能够赎买官职的时代。他们的职位是终身的，如果国王收回官职、重新出售时他们付得起酬金的话。不过这种情况并不常见，因为随着城市政权渐渐归属中央政权，这种商品越来越贬值。无论何种情况，城市官员都不领取薪金，但他们始终免税并享有特权。他们之间没有等级顺序，管理是集体的。没有发现一个行政官单独指挥和负责市政管理。市长是城市政府的主席，但不是城市的行政官。

第二个大会即全体大会，它选举城市政府——在还实行选举的地方——在各处继续参与主要事务。

15世纪，全体大会常常由全体人民组成，据一份调查备忘录说，这种习俗符合我们祖先的平民倾向。那时城市官员是由全体人民选举的，他们有时征询人民的意见，还向人民汇报。17世纪末，这种现象有时还能见到。

18世纪，构成全体大会的已不再是作为群体产生影响的人民。全体大会差不多一直是代议制的。但是值得注意的是，全体大会不再由人民大众选举，也不再听取民众的意见。各处的全体大会都由显贵组成，其中有些人因其享有某种特殊权利而出现在大会上，其他人则是由行会或协会派遣，每人都在这里履行这个特殊的小社会赋予他的一种强制委托权。

随着18世纪的时间推移，享有特权的显贵在全体大会中的人数在增长。工业行会的代表减少了或不再出现。只能见到各团体代表，即是说，全体大会只包含有产者而几乎不再接纳手工业者。人民并不像人们想象的那样轻易就被自由虚幻的外表所迷惑，各处的人民都不再关心市镇的事务而像局外人一样生活在自家里。行政官不时地尝试，想在他们心中唤醒那曾在中世纪创造无数奇迹的城市爱国主义，却是徒劳，他们根本听不进去。城市最重大的利益似乎也不再能打动他们。在那些人们认为应该保留自由选举假象的地方，人们希望人民去投票，人民则执意弃权，历史上常出现这种场面。几乎所有泯灭自由的君主起初都试图保持自由的形式，自奥古斯都至今都是如此。他们自以为这样就能把唯有专制权力可提供的种种便利与公众赞同始终彰显的道德力量结合起来。做这种尝试的人，几乎全失败了，他们很快就发现要在现实已完全改变的地方使这些骗人的假象长期存在，是不可能的。

18世纪，所有城市的市政府因而在各处都蜕化变质而成为小寡头政治。几个家族带着私见管理城市的全部事务，他们远离公众的视线且不对公众负责，全法国的行政制度都染上了这种弊病。所有总督都指出此弊端，但他们想到的唯一办法就是使地方权力逐渐归属中央政府。

然而，要想比以前做得更好很难。除了不时推出旨在改善所有城市行政管理[1]的各种法令，还针对每个城市制定特别法规，但这些法规常常被枢密院的条例所推翻，这些未被收入法典的条例是根据总督的建议提供的，事前未进行调查，有时连城市居民自己也未料到。

有个城市曾遭到枢密院某项类似判决的打击，其居民说："该措施令本市各等级的人震惊，他们未料到会出现这样的事。"

如果总督的报告中没有枢密院的判决，所有城市便不能设立入市关卡，不能征收捐税，不能抵押、出售，不能进行诉讼，不能租借其财产，不能管理其财产，不能使用其收入的盈余部分。城市所有工程都必须按计划和枢密院以判决的方式批准的预算执行。总督或总督代理必须亲临工程招标现场，一般情况下，工程都由国家工程师或建筑师担任指挥。以上足以让那些认为在法国看到的一切都是前所未闻的人惊讶不已。

但是，中央政府对城市的管理并不只是以上几点，它已经深入城

---

1 18世纪城市行政的突出特点不是废除代议制和公共干预，而是极端变化不定的规则章程，这恰是行政管理需遵循的依据。法令频频变更，时而重申，时而废弃，增减不定。没什么比法律的频频改动更能说明地方自由被贬低到何种境地。对此，似乎无人察觉。仅仅是这种不定性，就足以提前摧毁机关系统中的异见，摧毁所有怀旧情绪和地方的爱国情怀，而机关恰是最易滋生这些情感的地方。如此一来，便为日后大革命时期声势浩大的破坏行为提供了温床。——原注

市管理的各个方面，经常公然逾越法定的权力。

在一份总监察长致各省总督的通报里（大约写于18世纪中叶），我读到这样一段话："你们要特别注意城市大会上发生的一切。你们应就此写一份最真实的报告，汇报大会的所有决议，并附上你们的意见迅速寄给我。"

我们从总督和总督代理之间的通信中其实也能看到，政府掌控着城市一切大小事务。凡事都得征询总督的意见，他对每件事都要明确表态，他处理所有事情，连节庆之事也要管。在某些情况下，他须主持公众的喜庆活动，命人点燃节日的灯火，用彩灯装饰房屋。我从文献上看到一位总督对有产者保安队成员处以二十里弗的罚款，因为他们在人们唱《赞美诗》时离开了。

因此，城市官员很明智地低调处事。

其中的某些官员给总督写信说："阁下，我们恭请您给予我们仁慈和保护。我们将遵从阁下的一切旨令，不负您的宠爱。"另一些人还堂堂正正地自称是本城重臣，他们写道："阁下，我们从未违背过您的意志。"

就是这样，资产阶级准备掌握统治权，人民则争取获得自由。

城市对中央政府的这种密切依赖至少应该确保城市无财政烦恼了吧！没有这回事。有人提出，如果没有中央集权，城市很快就会灭亡，我不知道。但是可以肯定，18世纪实行了中央集权，城市照样毁灭了。那个时代的整个行政史充斥着城市事务的混乱。

如果我们离开城市去乡村，我们会遇到别样的权力，别样的形式，但都依赖于中央[1]。

1　路易十四破坏城市行政自由的借口是理财不善。然而，杜尔哥以充足的理由证明，经国王改革之后，糟糕的财政状况并未改观，且有恶化之势。他还补充道，多数城市负债沉重，部分是由于将钱借给了政府，部分则归咎于市级官员铺张浪费、装点门面。他们花着别人的钱，却从不向居民报账，不纳良言，反而变本加厉地大出风头，甚至中饱私囊。——原注

通过种种迹象我发现，中世纪的时候，每个村镇的居民都组成一个有别于领主的共同体。领主利用此共同体为自己服务，监督它并对其进行统治。但是共同体共同占有某些财产，并拥有财产权。共同体选举自己的首领，以民主的方式自治。

这种古老的教区制度同样存在于所有经历过封建制度的国家和所有带有其民族法律残余的地区。英国到处都能见到其痕迹，它在六十年前的德国还充满活力，读读伟大的腓特烈法典你就会相信这一点。甚至在18世纪的法国，也还存在几处遗址。

我记得，当我第一次在一个总督辖区的档案中查阅旧制度下某个教区的情况时，我惊异地在这如此贫困、受奴役如此深重的共同体里重新看到了美国乡村公社的好些特点——我曾为之震惊并错误地认为这些应该是新大陆独有的特点。无论是此地的乡村共同体还是美国的乡村公社，二者都没有常设代议制，没有严格意义的市政府。二者都是由官员治理，官员在共同体全体居民的领导下各自独立行事。二者都不时地举行全体大会，全体居民聚成一个团体，选举他们的行政官员并处理重大事务。总之，二者很相似，只不过一个活着，一个已死亡。

两个命运如此迥异的存在物其实有着共同起源。

中世纪乡村教区一下子被带到远离封建制度的地方并且完全自治，这时，它就变成了新英格兰的镇区。而当它脱离领主、被国家强有力的手紧紧握住时，它在法国就变成了我马上要描述的样子。

18世纪，教区官员的数量和名称因各省的情况而不同。从古老的文献中我们可以看到，如果当地生活朝气蓬勃，官员的数量就增多；而当地生活变得死气沉沉时，官员的数量也随之减少。18世纪，大部分教区里的官员可简化为两类：一类被称为征税员，另一类通常被称为行会理事。一般情况下，这些市政官员仍是由选举产生的或被认为是由选举产生的，但他们在各处都变成了国家的工具，而不是共同体的代表。征税员在总督的直接命令下征收军役税。理事受总督代理的日常领导，代表总督代理参加与治安或政府有关的一切活动。每当涉及自卫队、政府工程、普通法的贯彻时，他便是总督代理的首席代表。

领主则如同我们前面看到的那样依然不过问政府的这些细琐之事，他甚至不再对它们进行监督，也不给予帮助。更有甚者，过去他事无巨细地忙乱是为了维持他的力量，而现在随着他的力量大大削弱，他感到没有必要再操这些心了。如果今天你邀请他投身于这些活动，就会损伤他的自尊心。他不再统治，但是他仍在教区并享有种种特权，因而别人无法在那儿建立一个好的教区行政机构来取代他。一个如此与众不同，如此独立，如此享有特权的特殊人物，却在教区不择手段地破坏或削弱帝国的力量。

拥有财富和知识的居民，几乎都因为领主的插手而陆续逃往城市（这一点稍后我会加以证明），教区内除领主之外，只剩下一群无知而粗鲁、没有能力领导公共事务的农民。杜尔哥说得对："所谓教区就是一片将茅屋和与茅屋一样毫无生气的居民连在一起的集聚地。"

18世纪的行政文献充满了怨言，都是针对教区征税员和理事的，说他们无能、呆滞、愚昧。大臣、总督、总督代理，甚至贵族，都对此不停地抱怨，但是没有人探究其原因。

直至大革命前，法国乡村教区在其行政管理中还保留着人们在中世纪看到的貌似民主的东西。无论是选举市政官员，还是讨论某公共事务，村里的钟声便会响起，将农民召唤到教堂门廊前。穷人和富人都有权出现在这里。大家汇集在一起，但并没有严格意义上的磋商也没有投票，这是真的，但每人都能表达自己的看法。为此还调来一位公证人，露天制作证书，收集各种各样的证言并将其写进会议记录。

当我们将自由这些虚幻的外表和与其紧密相关的真正的无能为力进行对比，我们就已经由小及大地看出最专制的政府何以与最极端民主政体的某些形式互相勾结，以至于给人套上枷锁还假装无辜的可笑样子。教区的这种民主大会可以尽情表达愿望，但是它跟市政府一样无权按自己的意愿行事。人们打开它的嘴，它才能讲话，因为只有在得到总督的明文准许后，并且就像当时人们说的那样，在他心情好的时候立字为据，才能召开全体大会。即使全体意见一致，没有枢密院的许可，大会也不能自立规章，不能出售、购买、出租，也不能申诉。若要修缮被大风吹毁的教堂房顶或重建本堂神甫住所那摇摇欲坠的墙，必须获得枢密院的判决。无论是距巴黎最远的乡村教区还是最近的教区，都必须服从这个规章。我看到一些教区向枢密院申请，要求给予花费二十五里弗经费的权利。

居民通常有权通过普选选举他们的行政官员，这是真的，但经常会出现这样的情况：总督向这个小选民团指定一个候选人，后者向来都是以全票通过而当选。在别的情况下，总督经常打断自发举行的选举，亲自任命征税员和理事，并不断中止一切新的选举。这种例子数不胜数。

你想象不出还有谁的命运比这些共同体官员的命运更悲惨的了。中央政府的最后代理人，即总督代理，逼他们唯命是从。他常常对他们处以罚金，有时还将他们投进监狱，因为别处那些仍然使公民免受专制之害的种种保障制度，在这里已不复存在。1750年，一位总督说："我把共同体几个爱发牢骚的要员关进了监狱，我让这些共同体为骑警队骑兵支付巡逻费。用这种办法，所有共同体都轻而易举地被制服了。"教区职位因而不被人们视为荣誉，而是负担，人们寻找种种借口试图摆脱它们。

然而，教区旧政府的这些最后的残骸对当时的农民来说还是弥足珍贵的，甚至在今天，在所有公共自由当中，唯一能让农民更好地理解的便是教区自由。真正吸引农民的公共事务也只有一个，还是教区自由。他心甘情愿地让整个国家的治理掌控在一个主子的手中，却因为不能在自己的村政府中发表意见而奋起反抗：因为最空洞的形式也还是有分量的。

我刚才对于城市和教区所说的这些话，对于所有既独立存在又具有集体特性的团体，应该差不多都是适用的。

在旧制度下如同今天一样，法国的城市、乡镇、大小村庄、济贫院、工厂、修道院、学院，无一能在自己的特别事务中拥有独立意志，无一能按自己的意愿处置自己的财产。因此，那时就像今天一样，政府将全体法国人置于其监控之下，如果说“蛮横”这个词那时还没有造出，至少此现象已经存在了。

第四章

行政法院和官员保障制是旧制度的体制

在欧洲，没有哪个国家的普通法院比法国的普通法院更独立于政府，但也没有哪个国家像法国那样经常动用特别法院。这两者结合得如此紧密，超出人们的想象。由于国王对法官几乎毫无办法，既不能将他撤职也不能将他调离，甚至往往连提携他的权利都没有。总之，国王既不能以名利诱惑法官也不能以恐吓威慑法官，他很快就感到这种独立性给他造成不便。这就使得他避免将那些与其权威和利益相关的案件交予法官受理，并在普通法院旁边又创建了一种更加独立、为其专用的法院。它的外表在臣民看来很像个法院，且实际作用又不会让国王害怕。

在那些普通法院从未像当时法国的法院那么独立于政府的地区，如德国的一些地方，不需要如此谨小慎微，而且没有行政法院这一说法。国王在那里能很好地控制法官，所以不需要专员。

如果你愿意认真读一读君主制最后那个世纪国王颁布的敕令和声明以及同一时期枢密院的各种判决，你就会发现，一般情况下，政府采取一项措施后总不忘说，该措施有可能引起的争议和由此导致的诉讼只能提交总督和枢密院处理。“国王陛下还下令，凡是因执行此判决及附属条令而可能引起的争议，除了向枢密院上诉，均需提交总督，由总督审理。我们的法院和法官不得受理。”这是常见的行文格式。

在依据旧法律或旧惯例处理的案件中（那时还没有特别法院），枢密院通过提审不断干预，从普通法官手里拿走牵涉到政府的案件，亲自审理。枢密院的登记册里尽是这类提审判决。渐渐地，就法律程序提出抗辩成为普遍现象，事实变成了理论。于是，在审理案件者的头脑里（而不是法律上）确立了一个原则，类似国家准则：凡是与公共利益有关或因解释政府法令而引起的诉讼，均不在普通法院管辖范围，普通法院的作用只是宣判涉及个人利益的案件。在这方面，我们只是找到行文格式，其观念属于旧制度。

从那时起，因征税引起的大部分带有争议的问题都归总督和枢密院管。同样，凡是与载运及公共车辆的管理，与大路路政和河流航运等相关的事务也归总督和枢密院管。一般来说，所有牵涉到当局（政府）的诉讼案只能由行政法院来了结。

总督想方设法要使这一特别司法权限不断扩大，他们提醒总监察长，给枢密院施加压力。一位行政官员为获得提审给出的理由值得保存，他说："普通法官应服从既定的规则，为此他们必须镇压违法行为，但枢密院永远可以出于某个实用目的违反这些规则。"

根据这个原则，经常可以看到总督或枢密院将一些与政府关系不明显，或者甚至显然与之毫无关系的案件拿来审理。一位贵族与邻居发生争执而起诉，他对法官的处理不满意，要求枢密院将此案提取审理。总督被询及此案时回答说："虽然这里只涉及个人权利，归普通法院管，但是只要国王陛下愿意，他在任何时候都可以将各种案件的审理权保留给自己，而无须提供理由。"

平民有时会以某种暴力行为扰乱秩序，此类案件提审后通常都被移交总督或骑警队队长那里。大部分因粮价过高而经常爆发的骚乱是引发这类提审案的原因。总督于是为自己增添一定数量的大学毕业生，组成一个类似临时省议会的机构（成员由他亲自选），审理刑事案件。我找到了一些以这种方式做的判决，有一些人被判处苦役甚至死刑。17世纪末,由总督审理的刑事诉讼案则更多。

说到行政法,近代法学家肯定地告诉我们,大革命以来我们取得了很大进步:“从前,司法权和行政权是混淆的。大革命以后,人们将它们分开并让它们各就其位。”要想公正地评价我们在这里所谈到的进步,千万别忘记:一方面,旧制度下的司法权不断向其权力的自然范围外延伸;另一方面,它从未彻底履行其权力。对于这两个方面,谁要是只看到其中的一面,对事物的看法就只会是不全面的、错误的。人们时而准许法院制定政府规章,这显然超越了法院的权限,时而又禁止法院审理真正的诉讼案,这等于把法院逐出自己的领域。我们确实已将司法权驱逐出了行政领域——是旧制度让它错误地走进了这个领域。但同时,正如大家看到的,政府又不断地潜入司法的天然领域,而我们则听之任之:其实权力的混淆在司法领域和在行政领域一样危险,甚至更加危险,因为法院对政府进行干预只对案件有害,而政府对法院进行干预则使人堕落,使他们同时变成革命者和受奴役者。

近六十年来,法国制定了九部或十部永久性宪法,其中有一部明文规定,普通法院未经事先批准不得对任何政府官员究诉。该条款是如此地富有想象力,以至于人们在摧毁这部宪法的时候不忘把它从废墟中拉出来,并且自那以后一直将它悉心保管,使它免遭历次革命的摧残。行政部门主管官员仍然习惯于将这一条款赋予他们的特权称作1789年大革命的伟大成果之一。在这个问题上他们也搞错了,因为旧君主制下的政府和我们今天的政府一样,也十分注意避免其政府官员处境尴尬,像普通公民那样在法庭上认罪。两个时代唯一实质性的区别在于:大革命以前,政府只能采取不合法的专制手段庇护政府官员,而大革命以来,它能合法地让他们犯法。

每当旧制度的法院想起诉中央政府的某位代表时,枢密院通常会下一个判决,免除普通法官对被告的审理并将被告移交枢密院指定的专员。正如那时一位行政法院顾问所写的那样，一位像这样被起诉的行政部门主管官员会在普通法官的头脑里形成偏见，王权的名誉会受到影响。这类提审案发生的频率并不低，每天都有，涉及的不只是要官，也有无足轻重的小官。只需与政府有丝毫关系就可以除政府以外无所惧怕。公路与桥梁工程局一个负责徭役的监工被一个受到他虐待的农民起诉。枢密院提审此案，总工程师给总督秘密写信，谈及此事时说："监工确实应受到指摘，但不能因此而任此案正常地进行。对于公路与桥梁局来说，最重要的是普通法院既不听取也不受理役工对市政工程监工的告状。如果大家都仿效这个例子，公众会因此对这些官员无比仇恨而不断起诉，工程将受到影响。"

在另外一个案例中，总督亲自向总监察长以书面形式汇报，说一个政府承包人拿了邻居地里的物资为己用。他说："我无法向您详细描述，如果任政府承包人听凭普通法庭审判，这将会极大地损害政府的利益，普通法院的审理原则与政府的向来都不一致。"

这几行字写于一个世纪以前，写这些话的政府官员跟我们却像是同时代的人。

第五章

行政集权如何被引进旧制度并取而代之，却没有将旧制度摧毁

现在，我们来概括一下前三章所讲的内容：只有一个行政实体，被置于法兰西王国中央，全国的行政管理制度都由它来制定；几乎全部的国内事务都只由一个大臣统领；各省一切具体事务也都由一个代理人掌管；没有附属行政机构或事先获准方可行动的机构；特别法院审理与政府有关的所有案件并庇护所有政府官员。这些不就是我们所熟悉的行政集权吗？较之今天，其形式不是很明显，步骤也不太规范，其存在更令人不安，但这是同一种存在物。自那时起，人们对其主体没有增添什么也没有去掉什么。只需摧毁在它周围建立起来的一切，它就会变成原来的样子。[1]

---

1 加拿大是评判旧制度中央集权措施的绝佳地方。殖民地才是评判宗主国政府风貌的绝佳地方。因为在殖民地，政府通常具有的特征会被放大，变得显而易见。所以，要想评价路易十四政府的精神和弊政，我应去加拿大。于是，便透过显微镜，看到了事物的病变形态。

加拿大没有那些能够公开或秘密抵制政府精神自由发展的历史因素和旧势力。这里几乎没有贵族，至少他们已经丧失了根基；教会不占统治地位；封建传统所剩无几，晦暗不明；司法权脱离了旧制度和旧风俗。没什么能阻碍中央权力肆意发展，阻碍它按照自身意愿制定法律。加拿大不受省市制度的影响，没有获准的集体势力和个人创制权。总督享有较法国本土更优越的地位，所辖事物远多于宗主国；尽管相隔1800法里，却意欲在巴黎遥控一切；殖民政府从不设法增加当地人口，繁荣当地经济，反而不择手段，借助严刑峻法分散人口分布：强制耕作，所有涉及土地转让的诉讼不得提交法庭，转而由政府单独审理，强制用特定方式耕作，在指定处定居等等。如上情况均发生在路易十四治下，这些敕令另有柯尔贝尔副署。如同在阿尔及利亚，人们生活在高度中央集权的体制下。事实上，加拿大正是阿尔及利亚以往情况的忠实写照。（转下页）

我刚描述的这些制度，其中大部分在大革命后曾在无数国家被仿效，但就当时来说是法国特有的，我们马上就会看到它们对法国革命及其后果产生了多么大的影响。但是，这些新制度怎么可能是在法国封建社会的废墟中建立起来的呢？

这是一项伟业，需要的是耐心、机智和漫长的时间，而不是武力和权力。大革命突然到来的时候，人们几乎尚未破坏法国这座古老的行政大厦的一砖一瓦。可以说，人们是在它的基础上建起另一座大厦的。

没有任何迹象表明为了实施这项艰难的工程，大革命前的政府遵循了某个事先已思考成熟的计划。它只是凭本能行事，此本能促使一切政府独揽国家的所有事务，因而代理人虽然多种多样，称王称霸的天性却始终未变。政府让旧机构保留其古老名称和显要地位，但渐渐削弱其权力。它没有把旧机构逐出应有的领域，但使其边缘化了。它利用这人的惰性，那人的自私，从而占领了自己的席位。它借助于旧机构的一切流弊，从未想到过要改造它们，只是试图将其取代，最终它如愿以偿，仅以一个代理人即总督（新制度诞生之时人们甚至没听说过这个词）就取代了差不多所有旧机构。

在这番伟大的事业中，只有司法权令政府感到为难，不过这里它甚至最终抓住了司法权的实质，只把影子留给了对手。它未将最高

（接上页）两国境内，有着同人口一样为数可观的政府，它们占统治地位，运作积极，制定法规，强制民众执行，意图预知一切，总揽一切，常常比被统治者更了解自身的利益所在。政府运作虽积极活跃，却收效甚微。

美国的情况截然相反，英国人推行的分权制度却得以发扬光大：市镇成为几乎独立的政府或某种民主共和国。构成英国宪法和风俗基石的共和精神未遭抵制，发展自由。在英国，政府作为甚少，个人功劳卓著。由于上层阶级的缺席，使得加拿大居民比同期法国居民更加顺从政府，却使得英属各省愈发独立于中央权力。

两块殖民地，最终都建立了真正民主的社会；然而，至少在加拿大隶属法国的时期内，平等和专制政府相混合；在英属地区，平等和自由相结合。就两种殖民策略的物质结果而言，1763年，正值殖民时期的加拿大拥有六万人口，英属各省的人口则多达三百万。——原注

法院逐出行政领域,却逐渐扩大自己在其中的力量,最终几乎将这个领域全部占领。在某些特殊而短暂的情况下,如饥荒时期,民众的激情给法官的雄心提供了支持,中央政府便让最高法院暂时履行审判权,让它发出一点声音——此音经常在历史上产生回响。但很快,中央政府就悄悄地重新占领此领域,偷偷地把所有人和所有案件都重新控制起来。

你仔细看一下最高法院同王权的斗争,就会发现双方的交战差不多总是在政策上,而不是在行政管理方面。争论的起因通常是某个新税法,换句话说,双方争夺的不是行政权,而是立法权——而事实上最高法院和王权几乎都不应拥有此权力。

大革命临近,形势也越来越严峻。随着民众的激情沸腾起来,最高法院也更加频繁地介入政策领域。而同时,由于中央政府及其官员变得更有经验也更精明,最高法院对严格意义上的行政管得越来越少。它一天比一天更像个保民官,而不像个行政部门主管官员。

此外,时代不断为中央政府开辟新的行动领域,法院则因缺乏灵活性而跟不上政府的节奏,因为有些新案件没有前例,与法院的惯例大相径庭。社会的巨大进步使得每时每刻都有新的需求产生,每一个新需求对中央政府来说都是一种新的权力来源,因为唯有中央政府能满足这些需求。法院的行政范围始终是固定的,中央政府的行政范围则是活动的并随着文明的进步而不断扩延。

大革命临近,令所有法国人兴奋不已,在他们脑中激发出无数新思想,唯有中央政府能使这些新思想成为现实。大革命在推翻中央政府之前一直在发展它。它便也和其他一切事物一样臻于完善。这点尤其令我们惊讶,当我们仔细阅读中央政府的档案时。1780年的总监察长和总督与1740年的总监察长和总督完全不同;政府已经变质。政府官员虽然还是老样子,但已受到另一种精神的激励。随着政府变得更细致,涉猎的范围更广泛,它也变得更加规范、更加科学。

最终，它控制了一切，同时也变得温和起来。束缚减少了，引导增多了。

大革命的最初行动摧毁了君主制这个庞大的政体，但君主政体在1800年又复辟了。那时代及后来取胜的，并非如人们常说的那样是1789年制定的行政管理方面的种种原则，而是旧制度的那些原则，它们当时全都被重新投入使用并被保留下来。

如果有人问我，这部分旧制度是如何全盘被搬进新社会并融入其中的，我会回答，行政集权之所以没有在大革命中丧身，这是因为它本身就是这场革命的开端和守护神。我还要补充一点，一个人在心中摧毁了贵族政治以后，便会情不自禁地奔向行政集权。这时候，拉住他不让他跑比把他猛推向前要费力得多。在他的身上，所有力量都自然而然地趋向于统一，需要施展无数本领才能使这些力量分散开来。

因此，民主革命虽然消灭了旧制度的无数体制，却有可能巩固了行政集权。行政集权在这场大革命所造就的社会中不费吹灰之力便找到了自己的位置，人们自然便将行政集权视为大革命的功绩之一。

第六章

旧制度下的某些行政习惯[1]

读一读旧制度下的某位总督与其上级和下属的通信，你一定会感到奇怪：制度的相似竟使得那个时代的行政官员与我们时代的行政官员毫无差别。大革命如一道深渊将他们分开，他们则好像是站在深渊的两端手携着手。被统治者的情况好像也是如此。立法权从未在人们精神上产生如此明显的影响。

大臣已经有了亲自过目所有具体事务并亲自在巴黎处理一切问题的愿望。随着时代的前进和行政管理臻于完善，这种愿望变得更加强烈。18世纪末，偏远省要建立一个慈善工场，需征得总监察长的同意，由他亲自监督工场的开支，制定规章和选定地址。创办乞丐收容所也一样，需向总监察长呈交所收乞丐的姓名，告知乞丐进出收容所的确切时间。1733年，达尔让松先生[2]曾写道："交给大臣们的具体事务多得数不胜数。没有他们，什么都不能做，所有事情只能由他们做。如果他们的能力不如他们的权力大，就只能任一些代理人全权处理，这些人则成了拥有实权的人。"

总监察长不仅要求总督提交有关事务的报告，还要求他提供有

---

1 行政习惯即在行政活动中由于不断重复而逐渐形成并变为需要的行为方式。它也是行政传统在行政行为方面的具体体现。行政习惯包括稳定的行政行为方式和行政行为作风。

2 达尔让松（1722—1787）：法国政治家、外交家。

关人员的详细资料。总督则向总督代理们了解情况，并一字不差地将总督代理们所提供的信息向总监察长复述一遍，就像是他自己了解到的情况一样。

要想从巴黎指挥一切并无所不晓，必须发明上千种监控办法。书面文件堆积如山，加上行政程序又十分繁琐，我发现没有一个教区能在一年内获准重建钟楼或修理本堂神甫住所，申请通常需要两三年才能被受理。

枢密院在1773年3月29日的一份判决中注意到"繁琐的行政手续导致事情无限期地被拖延，常常引发最合情合理的埋怨"，它又补充道："但是，这些手续又是必不可少的。"

我以为对统计的爱好是当今政府官员所特有的，但我错了。旧制度末期，人们经常把一些印好的小表格寄给总督，总督只需请总督代理和教区理事填写就行了。总监察长要求下属呈交有关土地特性、土地耕种、产品种类与产量、牲畜数量、工业以及居民风俗的报告。与我们今天的专区区长和市长在同样情况下提供的资料相比，以这种方法获取的资料同样详尽而不准确。总督代理此时对其属民的性格所作的评语一般都不太好。他们经常持这样的观点："农民生来懒惰，要不是为了生计，他们才不劳动呢。"这种经济学说在这些行政部门主管官员当中很普遍。

两个时代的行政语言并没有什么特别的不同之处。两者的文笔都很平淡、流畅、模糊（不精确）而柔弱，每位作者的个性都难以辨认，淹没在普遍的平庸之中。读省长的文字跟读总督的文字感觉一样。

这种情况延续到18世纪末，当狄德罗和卢梭的特殊语言广为流传并与通俗语言融合在一起时，充斥于两位作家书中的故作善感才感染了行政官员，甚至影响到财政部门官员。行政文笔——其内容通常都很枯燥——因而有时变得温和，或者说温柔。一位总督代理向巴黎的总督抱怨说自己“在履行职责时经常感到有个易动感情的人受着某种使人心碎的痛苦的折磨”。

如同今天，那时的政府也向各教区发放慈善救济金，条件是居民自己也应捐些款。如果居民捐款总数还可以，总监察长便在分摊表的页边写上：好，满意。但是，如果捐款总数可观，他便会写道：好，满意并感动。

行政官员差不多都是有产者，他们已构成一个阶级，此阶级有其独特的精神，有自己的传统、道德、荣誉感、自尊心。这是新社会的贵族阶级，它已经形成并充满活力，它只等大革命把他们从原来的位置赶走。

已经构成法国行政管理一大特点的便是政府对所有想脱离政府而掌管国家事务的人即贵族或有产者怀有强烈的仇恨。任何一个不想靠政府的帮助而成立的独立团体，哪怕是最小的，都使政府畏惧。最小的自由协会，不管它的宗旨是什么，都惹政府厌恶。政府只让那些它凭兴致组建并亲自领导的团体存在。大产业公司也不令它满意。总之，它不愿公民以某种方式干涉审查他们的事务，它宁愿贫穷也不要竞争。但是，总得让法国人感受一点自由的快乐，不再为其奴役地位而痛苦，于是政府允许大家自由讨论各种各样有关宗教、哲学、道德乃至政治的一般性的抽象理论。只要人们对政府最底层的小官不加批评指责，政府就不怎么反对人们对其种种基本原则进行攻击，而那个时代的社会就是建立在这些原则之上的。

18世纪的报纸刊登的四行诗多于论战性文章，但政府对这股小势力早已眼红。它对书籍的态度很宽容，对报纸则向来极其尖刻。由于不能强制性地将它取消，它便试图让它们为政府服务。我找到一份致法兰西王国各总督的通告，日期是1761年，通告说，国王（即路易十五）决定从今以后《法兰西报》将在政府的监控下编排：“国王陛下有意使该报变得饶有趣味并确保它比所有其他报刊更有优势。”大臣还补充道：“为此，烦请你们寄给我一份简讯，通报你们财政区内所发生的可能会引起公众好奇的一切事情，尤其是与物理学、博物学相关的有趣的怪事。”通告还附有一份简介，说新报纸虽然出版周期缩短了且内容更丰富，但对订户来说价格便宜了许多。

总督拿到这些文件后便写信给总督代理，请他们执行命令。总督代理先是回答说，他们什么都不知道。接着大臣发来第二封信，严厉指责外省无能。“国王陛下命我告知你们，他希望你们认真对待此事，向你们的官员下达最确切的命令。”总督代理于是开始行动。其中一位报告有个盐犯子被绞死了，表现得非常勇敢。另一位报告他所在地区有个妇女一胎生了三个女孩。第三位报告他们那儿突然下了一场大暴雨，但确实没有造成任何损失。还有一位总督代理肯定地说他悉心观察，但没有发现一件值得注意的事，不过他订了一份这么实用的报纸，准备请上流社会所有有教养的人都去订阅。人们付出了诸多的努力，效果却不甚理想。因为我们从大臣的另一封信中读到：“国王亲自过问有关改进报纸质量的种种具体措施，希望此报获得应有的地位和名声，但是，他看到他的指令没有得到很好的贯彻，因而表示极为不满。”

由此可见，历史是一个画廊，那里原作很少，复制品却很多。

还应当承认，法国中央政府从不仿效欧洲南部那些政府的做法，后者占有一切好像仅仅是为了毁灭一切。法国中央政府对自己的使命常常理解得很到位并且总是表现出超常的积极性。不过，此积极性经常是没有成效的，甚至是有害的，因为有时，它想做力所不及的事，或者谁也无法控制的事。

对于那些急需进行的改革，法国政府很少展开或不久便放弃了，而这些改革需要坚韧不拔的毅力才能获得成功。不过，政府一直在不断更改某些规章或法律。没有什么东西能在自己的范围内安静地停留片刻。新规则层出不穷，速度如此快以至官员们由于身处被领导的地位，常常弄不清该如何顺从。一些市政官员向总监察长抱怨附属立法太不稳定："就拿财政规章来说，其变化是如此快，以致一位市政官员（即便其职位是终身的）除了研究新出台的规章，根本没有时间做别的事，甚至被迫忽略本职工作。"

就算法律没有更改，执行法律的方式却每天都在变化。如果不是从旧制度政府留下的秘密文件中看到那时的政府在做什么，你就无法想象法律最终何以如此遭人蔑视，甚至遭执行法律的人的蔑视，因为那时既没有政治议会也没有报纸，无法制止大臣及各管理机构的随心所欲，也无法限制其变化无常的暴虐情绪。

枢密院的所有判决几乎都能使人想起先前的某些法律，它们常常是新近制定的，已经宣布但未被执行。实际上，所有法令、国王宣言、正式登记的诏书，在执行中没有一个不曾受上千种强烈个性的影响。我们从总监察长和总督的信中看到，政府不断允许人们违反其命令，破例行事。它不常破坏法律，但每天都会根据特殊情况并为使事情得以顺利进行而让法律向各个方向微微倾斜。

一个国家工程招标者不想交纳某项入市税，总督就此问题写信给大臣："确实，如果一字不差地援引我刚才列举的敕令和判决，那么在法兰西王国里，任何人都不能免交这些捐税。不过，谙熟法律事务的人都知道，尽管在差不多所有含有税制的敕令、宣言和判决里都能找到这些硬性的条文和相应的处罚，后者却从未妨碍特殊情况的发生。"

全部的旧制度就在这里：规章严厉，执行起来无力度，这便是它的特点。

无论谁，如想通过其法律汇编来判断那时代的政府，定会陷入最荒谬的错误中。我找到国王1757年发的一份宣言，宣言称凡是编写或印刷反对宗教或现行制度的书籍的人都将被判处死刑。出售这类书籍的书店，贩卖这类书籍的商人，都将受到同样的处罚。难道我们又回到了圣多米尼克时代？不，这正是伏尔泰称霸的时代。

对于法国人无视法律之现象，人们常抱怨，唉，他们什么时候才能养成尊重法律的习惯呢？可以说，在旧制度下，法律的观念在人们的头脑里应占有的那个位置是空缺的。每个央求者都希望大家为了他的利益而无视既定法规，态度坚决而强硬，就像要求人们遵守法规那样，事实也正是如此，当人们想拒绝他的要求时才会用法规来反驳他。人民对当局的服从还是绝对的，但只是出于习惯而不是出于意愿。他们一旦激动起来，一点点情绪都会促使他们立即采取暴力行动，而镇压他们的也几乎总是暴力和专制，而不是法律。

在法国，中央政权在18世纪的时候还不具备此后我们所看到的这种健全而充满活力的政体，然而，由于它已经摧毁了所有中间权力机构，它与个人之间只是一片广阔的自由空间，因此在每个人看来，中央政权显然已成为社会机器的唯一原动力，公共生活必不可少的唯一施动者。

没有比那些诽谤政府的人所写的著作更能证明这点了。当大革命前的长期不满意识开始被大家感觉到的时候，出现了各种各样的有关社会和政府的新体制。这些改革家提出的目标不同，手段始终是一样的。他们都想借用中央政权之手，用它来摧毁一切并按照他们自己设计的某个新方案重建一切。在他们看来，唯有中央政权能够完成这个使命。根据他们的观点，国家的权力应像其权利一样是没有限制的，最重要的是要让它认识到必须合理地使用其权力。老米拉波是维护贵族权利的狂热分子，毫不隐讳地称总督是僭越者，并宣称如果把选定法官的权利只交给政府，过不了多久，所有法院都会成为一个个特派员集团。米拉波本人只相信中央政府的行为并借此来实现他的种种梦想。

这些想法并没有停留于书本，而是闯入所有人的脑海里，与风俗结合在一起，进入人们的习惯中并从各处渗透到日常生活实践中。

没有人认为自己能做好一件重要的事情，如果国家不介入此事。耕农通常都对规则持强烈抵触情绪，他们也认为如果农业得不到改善，政府应负主要责任，因为它没有向耕农提供足够的指导和资助。一位农民写信给总督，语气很愤怒，已经能闻到大革命的火药味了："政府为什么不任命一些巡视员，让他们每年去各省巡视一次，查看农业耕作情况，教农民改用最先进的耕作方法，告诉他们管理牲畜的正确方法，比如用什么饲料，怎么饲养，怎样出售以及卖到哪里？这些巡视员的报酬不能低。地种得最好的农民加以奖励。"

巡视员和十字勋章！这方法是萨福克郡[1]的农夫绝对想不到的！

大多数人都认为唯有政府能确保公共秩序，因为人民只怕骑警队，有产者也只信任骑警队。无论是对人民还是对有产者来说，骑警队骑兵不仅是秩序最主要的捍卫者，还是秩序本身。吉耶纳省议会说："众所周知，骑警队骑兵的出现能遏制所有对一切奴役持最敌对态度的人。"因此，人人都希望自家门口有一个骑警队。总督辖区的档案里尽是这类诉求，似乎谁都没有想到庇护者很可能就是主人装扮的。

最令那些从英国来的流亡贵族感到吃惊的是，英国没有这种自卫队。这让他们惊讶不已，有时也让他们对英国人无比蔑视。其中一个人，很有功德，但所受教育使他未能对即将看到的事件有心理准备，他写道："这是千真万确的：英国人被偷后感到庆幸，心想至少他们国家没有骑警队。某人对扰乱社会安宁的一切十分恼火，看到煽动分子回到社会当中却感到欣慰，认为法律文本比所有论述都有力。"他还补充说："这些错误的想法并非存在于所有人的头脑中，有些智者就持完全相反的观点，渐渐地，智慧就占上风了。"

英国人的这些怪脾气可能与他们的种种自由有关，这位流亡贵

1 英格兰东部的一个郡。

族并不这么认为。他宁愿用更加科学的理由来解释这一现象。他说："在一个因气候潮湿、流通的空气缺乏活力而使人的性情蒙上一层阴暗色调的国家，人民已做好准备，宁愿献身于严肃的事物。所以，英国人民出于天性喜欢探讨治国的问题，法国人民则与此相距很远。"

政府就这样取代了上帝，每个人有特殊需求时就祈求政府的保护，这是理所当然的了。所以才会有那么多的诉状，这些诉状总是以公共利益为依据，其实都只是些无足轻重的个人私利。装诉状的那些文件箱也许是唯一一个这样的地方：这里，构成旧制度那个社会的所有阶级都混杂在一起。这些诉状读起来令人伤感：农民要求赔偿他们的牲畜或房屋的损失；富裕的有产者请求帮助他们更好地利用土地；实业家请求总督给予一些特权，使其免受讨厌的竞争。经常能够看到一些制造商向总督诉说他们生意萧条，请他从总监察长那儿申请一点救济金或贷款。有一个基金管理机构好像就是为此目的设立的。

贵族有时也成了重要的恳求者，他们乞求的语气十分傲慢，几乎只在这点上能辨认出他们的身份。对他们当中的许多人来说，其依赖性主要源自二十分之一税。他们应缴纳的这部分税额是由枢密院根据总督的报告每年重新制定的，因此一般来说他们直接给总督写信，要求延期和免除税务。我看过许多这类请求书，写信的贵族几乎都有封号并且经常是大领主，据他们说是因为收入不足或生意不景气。一般情况下，贵族向来只称呼总督为"先生"，但我发现在这种情况下，他们也像有产者一样始终称他为"阁下"。

有时，穷困和傲慢在这些申诉书里以一种可笑的方式结合在一起。一个贵族给总督写信说："您善良的心绝不会同意我这样身份的一家之主像一个平民家长那样一分不少地被课以二十分之一税。"

18世纪经常发生饥荒，每到这时，各财政区的居民都转向总督，似乎只能从他那儿得到粮食。每个人都把自己遭受的所有苦难归咎于政府,这是事实。最无法避免的灾难都是政府所致,甚至一年四季的恶劣天气也与政府相关。

当我们看到行政集权在本世纪初不费吹灰之力就在法国得以恢复,我们已不再感到惊异。1789年的人们推翻了行政集权这座大厦,但是其根基还留在推翻此大厦的革命者的心中,正因为有这个根基,人们才得以让它突然重新站立起来,并且比以往任何时候都更为坚固。

第七章

法国何以成为全欧洲唯一这样的国家，其首都对外省获得了最大程度的掌控权并吸取整个帝国的精华

较之于帝国其余地方，巴黎在政治上占有绝对的优势，造成这一现象的原因既不是其地理位置，或一直以来的辉煌，也不是财富，而是政府的性质。

伦敦人口众多，相当于一个王国，但它至今未对大不列颠的命运产生至高无上的影响。

没有一个美国公民认为纽约人民能决定美联邦的命运。而且，甚至在纽约州内，也没有人认为纽约市的个体意志能独自引领所有事务，尽管纽约现今的居民数量与大革命爆发时巴黎的居民数量相等。

同王国的其余地方相比较而言，宗教战争时期，巴黎的人口跟1789年的时候差不多。但它不能决定任何事情。投石党运动期间，巴黎还只是法国最大的城市。到了1789年，巴黎已成为法国本身。

早在1740年孟德斯鸠就在给一位朋友的信中写道：法国只有巴黎和遥远的外省，因为巴黎还没来得及将这些外省吞噬。1750年，好幻想但有时又很敏锐的米拉波侯爵曾不指名地谈到巴黎，他说："首都是必要的，但如果头脑变得过大，身体就会中风，那么一切都完了。如果让外省处于一种直接依附地位，只将其居民视作可以说是二等臣民，如果不给外省留有任何获得敬重的途径和施展抱负的职

业，将所有有才华的人都吸引到首都，那么情况又将如何？”米拉波把这叫作地下革命——使外省不再有显贵、商人，以及人们所说的有才智的人。

认真读过前面几章的读者已经知道造成这一现象的原因所在，为了不滥用读者的耐心，这里不再重复。

这场革命未能避开政府，但它只是以最具体的形式使政府受到威胁，那就是巴黎城的扩张。政府看到首都日益扩大，担心难以治理如此巨大的城市。法国国王曾颁布大量旨在阻止巴黎发展的种种敕令——主要是在17、18世纪。这些君主越来越将法国全部公共生活集中于巴黎城内或巴黎城门，并希望巴黎不再扩张。他们禁止盖新房，或只许以花钱最多的方式在事先指定的不大吸引人的地点建房。这些敕令中的每一条都证明，尽管前面已有敕令，巴黎始终未停止发展。路易十六在其统治的鼎盛时期曾六次试图让巴黎停步不前，但都没有成功：巴黎无视其条条敕令，继续扩张。而它的优势比城市面积增长得更快，但是，确保巴黎具有这种优势的，不是发生在巴黎城内而是发生在其城外的事件。

同时人们看到，各地的地方自主权在渐渐消失。各处再也看不到某种独立生活的征象。各省的外貌特征变得模糊起来，昔日公共生活的最后痕迹也消失了。然而，国家并没有陷入萎靡不振，运动无处不在，只不过主使者只在巴黎。这方面有无数例子，在此仅举一例。在向大臣提交的有关出版状况的报告中，我发现16世纪以及17世纪初，外省一些城市有无数印刷厂，如今这些城市再也没有印刷工，或者印刷工不再有事做。不过，不用怀疑，比起16世纪，18世纪末出版的各类著作要多许多，但思想运动只产生于中央。巴黎终于吞噬了外省。

法国大革命爆发的时候，这第一场革命已经全部完成了。

三级会议后不久，即攻克巴士底狱的前几天，著名旅行家阿瑟·扬离开巴黎。他在巴黎刚看到的那些与他在外省的所见形成鲜明对比，他惊呆了。在巴黎，一切都处于活动中并发出声音，每时每刻都有一篇抨击政府的文章问世，每周有九十二篇。他说："我从未见过如此壮观的出版运动，即使是在伦敦。"他觉得巴黎之外的一切都很迟钝，悄无声息。人们很少发行小册子，一份报纸都没有。不过，外省的人都很激动，做好了行动的准备，但迟迟不采取行动。公民们有时聚集在一起，那也是为了打听巴黎的消息。阿瑟·扬在每座城市都问居民打算怎么办。他说："答案到处都一样：我们只是一个外省城市，得看巴黎的人怎么做。"他又补充说："这些人甚至不敢提出某种见解，除非他们知道巴黎人是怎么想的。"

制宪议会轻松地一举摧毁了法国所有旧省份（这些旧省份有好几个比君主政体还古老呢），并将王国有条理地划分为八十三块，就像分割新大陆的处女地一样。没有什么比这让欧洲其余国家更感到惊奇甚至更感到恐怖的了，欧洲人没有料到会出现这番景象。伯克说："看到人们用如此野蛮的方法把自己的祖国分割成小碎块，这还是第一次。"人们确实像是在把活的躯体切成碎块，其实切的是尸体。

就在巴黎终于以这种方法在外部获得至高无上的权力的时候，我们看到它在内部也完成了另一个同样值得历史关注的转变。巴黎不再只是一个贸易、商业、消费和娱乐的城市，它已成为中型工厂和手工工场的城市。后者赋予前者一种新的、更令人惊异的特点。

事情可以追溯到很早，巴黎自中世纪起不仅是法兰西王国最大的城市，似乎也是其手工业最发达的城市。到了近代，这变得更加明显。随着一切行政事务都被吸引到巴黎来，工业事务也都跑来了。巴黎越来越成为鉴赏的典范和评判者，成为权力和艺术的唯一中心，成为全国性活动的主要策源地，法国的工业生活范围缩小了，更集中在巴黎。

尽管旧制度的统计资料常常不值得信赖，但我认为可以毫不畏惧地说，法国大革命前的六十年间，巴黎的工人人数不止增长了两倍，而在同一时期，巴黎总人口几乎只增长了三分之一。

除了刚才讲的一般原因外，还有一些非常特殊的原因将工人从法国各处吸引到巴黎来，渐渐使他们聚集在几个区内，这些区最终几乎只有他们居住。说到财政立法对工业施加的种种障碍，巴黎要比法国其他任何地方都少，任何地方都没有像在巴黎那样容易摆脱行会师傅的压迫。某些郊区如圣安托万区和唐普勒区在这方面尤其享有很大的特权。路易十六进一步扩大了圣安托万区的这些特权，千方百计在那里积聚一个大的工人群体，"要给予圣安托万区的工人我们实行保护的一种新标志，使他们摆脱既损害他们利益也损害贸易自由的种种束缚"，这位不幸的国王在一份敕令中这样说道。

大革命前夕，巴黎的工厂、手工工场、高炉的数目增长速度惊人，政府终于警觉起来。工业的发展使政府充满恐惧，好些都是臆想的。我们找到了1782年枢密院的一份判决，里面写道："国王担心手工工场的迅速增多导致木材的大量消耗，对巴黎的供给不利，于是禁止在该城方圆十五里内建造这类工厂。"至于这种人口聚集可能导致的真正危险，则没有人担心。

就这样，巴黎成为法兰西的主人，而且那个应该成为巴黎的主人的军队已经在组建了。

我觉得人们现在差不多一致认为，行政集权和巴黎拥有的绝对权力是四十年来法国一朝又一朝政府走向灭亡的主要原因。我不用多解释就能让你们了解，旧君主政体突然间被摧毁在很大程度上也应当归因于此，这也应该是孕育了所有其他革命的这场大革命的主要原因之一。

第八章

法国是这样一个国家：所有人都变得极其相似

你仔细察看旧制度下的法国便会发现两种完全不同的景致。

在旧制度下生活的所有人，特别是那些占据着社会中上层地位的人（只有他们才引人注目）彼此一模一样。

然而，在这个单调的群体中还竖立着数不胜数的小壁垒，将这些人分割成许多部分，每道围墙里的人似乎都形成了一个特殊的社会，只顾自身利益，不参与集体生活。

想到这几乎是无止境的分割，我终于明白了，由于法国公民比世界上任何一个国家的公民都缺乏在危难时期一致行动、相互扶持的意识，一场大革命才得以在瞬间使这样一个社会彻底发生巨大变革。我在想被这场大变革所推翻的那些小小障碍是什么，我立即看见了一个冷漠的群体，其密集程度和均质性是世上任何一个群体无法比拟的。

我曾指出，差不多在整个法兰西王国，外省的特殊生活早已经消失，这就使得所有法国人彼此毫无区别。尽管依然存在各种差异，国家统一的表征已经显示，立法的一致性彰显了国家统一。随着18世纪的进展，敕令、国王文告、枢密院判决的数量增加，它们在帝国的所有地方以同一种方式实施同样的规则。立法在各处应该是普遍的、一致的并且对每个人都一样，持这种想法的人不都是统治者，也有被统治者。此想法在大革命爆发前三十年间陆续出台的所有改革计划中都有所体现。而两个世纪以前，这些思想的材料——假使我们可以这样说的话——还没有成形。

不仅所有外省彼此越来越相似，每个省里不同阶级的人（至少是非平民阶层的人）也变得越来越相似，尽管他们的社会地位各不相同。

没有比阅读1789年不同等级呈交的陈情书更能了解这一点了。我们发现写陈情书的人利益不同，但在所有其他方面无甚差别。

如果你研究一下初期三级会议的过程，你会看到完全不同的景象：有产者和贵族有着更多的共同利益，更多的共同事务。他们的互相仇恨没那么深，但他们似乎仍然属于两个不同的种族。

时间维持了使这两种人产生隔离的种种特权，并且在很多方面使这些特权加剧了，但它也产生了奇妙的作用，使这两种人在所有其他方面变得无甚差别。

几个世纪以来，法国贵族一直不断地在变穷。"尽管有种种特权，贵族日益衰败和消亡，第三等级占有了财富"，一位贵族在1755年悲伤地写道。保护贵族财产的法律却始终没有变，他们的经济地位似乎也没有变化。然而，随着贵族权力的丧失，他们在各处都陷入贫困之中。

据说，人类制度如同人本身，除了我们看到的履行不同生存职责的那些器官之外，还存在着一种看不见的中心力量，此乃生命的本源。器官似乎跟往常一样运动，但毫无生气，当生命之火最终熄灭时，一切便同时枯萎和死亡了。法国贵族还享有种种替代继承权，伯克甚至注意到，替代权在他那个时代在法国比在英国更普遍，更有强制性，如长子继承权、永久性地租，以及人们所说的用益权。贵族已经免除了支付战争费用的繁重义务，但保留了他们的赋税豁免权，并加强了这一特权，这就是说，他们失去了职务但还有津贴。此外，他们还享有其父辈从未得到过的金钱方面的好些利益。然而，由于缺乏管理经验和理念，他们变得越来越穷。我们先前说到的大规模分割地产，其中部分原因应当归于贵族的日渐贫穷。贵族将土地一块一块地出卖给农民，只把领主的定期租金保留给自己，他维持的是贵族等级的外表，而不是实际身份。法国好些省份，如杜尔哥谈到的利穆赞省，尽是贫穷的小贵族，他们差不多都不再拥有土地，仅靠领主权和地租维持生活。

"在这个财政区，"一位总督早在本世纪初就写道，"贵族家庭的数量竟增至几千个，但年金两万里弗的家庭不到十五个。"我在另一位总督（弗朗什-孔泰的总督）1750年给其继任者的一段训言中读到："此地贵族相当和善，但很穷，越穷越自豪。较之过去的状况，他们已经是很谦逊了。维持贵族的贫困状态，迫使他们支持我们，需要我们，这个策略并不坏。"他又补充道："他们组成一个团体，只接纳能证明家有四位贵族先祖的人。该团体并未获得正式批函，而只是被容许而已，它每年只召开一次会议，总督莅临大会。这些贵族一起吃晚饭，做弥撒，然后各回各的家，一些人骑驽马，另一些人徒步。你会发现这种集会很可笑。"

贵族的这种日渐贫困化不仅在法国，在欧洲大陆的各个地方或多或少都能看到，这些地方跟法国一样，封建制度已经消亡但还没有被某种新的贵族制形式所取代。莱茵河流域的德意志民族中，这种没落尤其明显且惹人注目。只有在英国情况完全不同。那里，那些沿袭至今的古老的贵族家庭不仅保留了他们的财产，还使其大大增长，他们不仅是最富有的人，还是最有权力的人。他们身旁涌现出来的新贵族家庭只是像他们一样富有而无法超越他们。

在法国，贵族失去的所有财产似乎都被有产者继承了，有人说有产者是靠贵族的资产壮大起来的。然而没有任何法律阻止有产者破产，也没有任何法律帮助他们致富，但他们却不断在变得富有。在很多情况下，他们变得跟贵族一样富有，有时更富有。而且，他们的财产常常属于同一种类：尽管他们平时住在城里，却常常是地产主，有时甚至还获得领地。

教育与生活方式已经使这两种人具有无数别的相似之处。有产者的知识跟贵族的一样多，需要注意的是，他的知识是从同一来源获取的。两者都被同一光线照亮。无论是对有产者还是对贵族，教育既是理论的也是文学的。巴黎越发成为法兰西的唯一导师，最终使所有人具有同样的精神和一致的举止。

18世纪末，或许还能发现贵族与有产者的行为举止有所不同，因为我们所谓的行为举止这种表层的风俗要统一需要很长时间，没有什么比这个过程更缓慢的了。但是，实际上，所有地位高于人民的人都彼此相似，他们具有同样的思想，同样的习惯，他们趣味相同，沉迷于同样的娱乐活动，读同一类书，说着同样的语言。他们只是权利不同而已。

我不知道这种现象在其他国家是否也达到了如此严重的程度，反正英国不是这样，虽然在英国，不同阶级因共同利益而牢牢地拴在一起，他们的精神和风俗还常常是不同的。因为政治自由具有一种神奇的力量，能在所有公民之间建立必要的联系和相互依赖关系，却又不会因此使他们变成一模一样的人。而独夫专制久而久之带来的必然结果永远是使人与人之间变得毫无差异并且连自己的命运都互不关心。

第九章

这些如此相似的人为何比以往任何时候都更加离心离德，结成一个个陌生的小群体且彼此漠不关心

我们现在来研究一下这幅画的另一面，看看这些如此相似的法国人怎么会更加彼此孤立，这在其他任何国家或许都不存在，甚至在法国也是前所未见的。

欧洲建立封建制度的那个时代，很显然，我们后来称作贵族的这东西并没有立即形成一个等级制度，但究其根源都是由各邦国的所有要人组成的，因而最初只是一个权力阶级。我并不想在这里讨论这个问题，我只须指出，从中世纪起贵族已成为一个等级制度，也就是说贵族有别于他人的标志是出身。

权力阶级是管理国家的一个公民团体，贵族将权力阶级的这个特征保留了下来，但只有出身能决定谁将成为该团体的首领。凡是非贵族出身的人都被排除在这个特殊而封闭的阶级之外，他们在国家只能占据或高或低但永远是从属的社会地位。

欧洲大陆所有已建立封建制度的地方，封建制度带来的结果都是等级制度，只有在英国贵族又变成了最初的权力阶级。

有一个事实使得英国在所有现代国家中显得极其与众不同，并且唯有它能使我们理解英国的法律、精神和历史的种种特殊性，然而，它并未引起哲学家和政治家更多的关注，习惯性又使得英国人对此视而不见，这让我始终感到诧异。人们对该事实经常是半遮半掩，

含糊其辞，我觉得人们对它从来没有形成一个全面而清晰的看法。1739年，孟德斯鸠游历英国，他写道，“我来到了一个与欧洲其他地方截然不同的国家”，可他没有再说些什么。

英国与欧洲其他国家迥异之处并不是它的国会，它的自由，它的舆论公开，它的陪审制度，而是某个更为特殊、更为有效的东西。英国是唯一真正摧毁而非改造社会等级制度的国家。在英国，贵族与有产者共同处理同样的事务，选择同样的职业，更有意义的是通婚。最大的领主的女儿可以嫁给一个有产者而并不感到耻辱。

如果你想知道等级制度以及它在一个民族身上产生的思想、习惯、界线这些东西在英国是否已彻底消亡，就请你看一下英国的婚姻状况。只有在这里你才能发现你未曾看到的最重要的特征。即使是在今天，在拥有六十年民主历史的法国，你常常也看不到这种特征。尽管古老的家族和新家族在所有方面似乎已不分你我，但还是竭尽全力避免因联姻而发生联系。

人们经常会发现，英国贵族比其他国家的贵族更谨慎、更灵活、更开放。需要注意的是，英国很早就没有严格意义上的贵族了，如果我们按照别的所有地方保留至今的该词古老而严密的意思去理解的话。

这场革命被时代的黑暗所湮没，但还是留下了一个活生生的证据：这就是惯用语。数世纪以来，法文“gentilhomme”（贵族）这个词的意思在英国已完全不同，“roturier”（有产者，平民）则已不复存在。莫里哀1664年写的《伪君子》中有一句诗，直译成英文已经不可能了：

> Et, tel que l’on le voit, il est bon gentilhomme.（正如大家看到的，他是个高尚的贵族。）

如果你想把语言学再次应用到历史学中，就请你穿越时间和空间来关注英文单词“gentleman”（绅士）的命运，该词是从法语

“gentilhomme”（贵族）衍变而来的。你将看到在英国，该词的意义随着各等级的彼此接近和融合而变得宽泛了。每过一世纪，该词所指称的社会等级就更低一些。它最终跟随英国人到了美国。在美国，人们用它来泛指所有公民。它的历史甚至就是民主政治的历史。

在法国，“gentilhomme”一词始终仅限于其原始意义，大革命后几乎无人使用，但词义从未改变。该词原封不动地被保留下来，用来指称具有该等级地位的成员，因为法国的贵族阶级被保留了下来，而且跟过去一样与所有其他社会等级分离。

但是我的观点更进一步，我认为同这词产生的时候相比，贵族与其他社会等级处于更加分离的状态，并且在我们中间出现了一种运动，其方向与英国的运动完全相反。

即使有产者和贵族变得更相似，他们彼此却越来越离心离德：不能混淆这两者，前者不但不能缓解后者，反而常常使后者加重。

在中世纪且封建制度保留其统治权的时期，经营领主土地的所有人（按封建制度的语言，他们被严格地称为“封臣”）——其中很多不是贵族——经常与领主合伙管理领地，这甚至是封臣获得采地的首要条件。他们不仅要跟随领主上战场，而且必须按照他们的特许权每年在领主的法庭中待上一段时间，帮助领主审理案件和管理居民。领主法庭是封建政府的重要机构，欧洲所有古老的法律里都有，如今在德国好些地方我还见到一些清晰可辨的遗址。封建法学专家艾德姆·德·弗雷曼维尔在法国大革命前三十年时曾想到要写一部有关封建法和地籍簿革新的巨著，他告诉我们他在“领地数目编号里看到，封臣每十五天要去领主法庭一次，所有封臣到齐后便和领主或领主的普通法官一起审理居民的刑事案件和纠纷”。他还说“有时在一个领地里能发现八十、一百五十甚至两百个这类封臣，其中多数是平民”。我在此引用这段话，不是作为证据（因为这方面的证据数不胜数），而是作为一个例子让你们了解最初并在很长时期内，乡村阶级是如何与贵族接近，每天如何与贵族一起处理同样事务的。领主法庭为农村小地产主所做的事情，省三级会议以及后来的全国三级会议为城市有产者都做了。

当我们研究14世纪全国三级会议特别是同一时期省三级会议留下来的那些资料时，无不为第三等级在这些会议中所占的地位以及所行使的权力感到震惊。

作为个人，14世纪的有产者，其地位或许不如18世纪的高，但是作为整体，有产阶级在当时的政治社会中占据着一个更有保障、更高的地位。他们参政的权利是无可争议的，在政治议会中所起的作用也始终非同小可，经常是起决定性作用的。其他阶级每天都感到必须重视他们。

不过，特别给人留下深刻印象的是，那时贵族和第三等级经常（很容易）合作，共同管理事务或采取一致的抵抗行动。这不仅在14世纪的三级会议中能看到（由于种种不幸，那时有好几次三级会议都具有一种非正规的革命的特点），在同一时期的特别三级会议中也能看到（没有任何迹象表明事情不是遵循惯常的有规律的步骤进行的）。这也是我们在奥弗涅省看到的情况：三个等级共同制订最重要的措施并由从三个等级中选出的特派员监督执行。同一时期的香槟省也能看到这样的情景。14世纪初，发生了一场人人皆知的运动，许多城市里的贵族和有产者联合起来，捍卫民族独立，保护各省特权免受王权的侵害[1]。那时，我们的历史中有好几个类似这样的事

1 共同商讨所带来的反种姓效应。

从18世纪农业联合会为数甚少的工作中，可以洞悉共同商讨集体利益所带来的反种姓影响。会议召开时正值旧制度时期，距大革命爆发尚有30年光景，所涉内容仅是理论问题，唯此才能引起各阶级的兴趣，继而共同讨论。尽管如此，仍可立即感受到不同人群在相互接近，相互融合，特权阶层和其他群体都萌发了理性改革的念头，然而，讨论内容仅触及保护事宜和农业问题。

我确信，没有哪个政府像旧制度下的政府那样，只一味培植自己的势力，常常使得民众严重分化。大革命爆发之际，只有它能够维持法国社会中荒谬可笑的不平等制度，然而，只要稍稍接触到自治，这种制度顷刻间就会发生深刻的改变，或者彻底毁灭。——原注

件，像是从英国历史中抽取出来的[1]。这样的情景在此后的数世纪里再也没有出现过。

实际上，随着领地统治遭到破坏，三级会议变得越来越少或不再召开，以及普遍自由最终消亡，导致地方自由的消亡，有产者与贵族在公共生活中再也没有任何联系。他们再也感觉不到需要彼此接近、和睦共处，他们日益变得彼此更加独立，也更加陌生。18世纪的时候，这场革命便完成了：这两种人仅仅偶尔在私生活中才能相遇。两个阶级不再只是竞争对手，他们成了敌人。

法国比较明显的特点似乎是，当贵族作为一个阶级丧失其政治权力时，贵族作为个人却获得了好些以前不曾拥有过的特权或扩大了已享有的特权的范围。仿佛百足之虫死而不僵。贵族阶级的统治权越来越少，但是贵族却越来越享有成为主子的第一仆人的特权。一个有产者在路易十四时期比在路易十六时期更容易成为官吏。这在普鲁士是一种普遍现象的时候，在法国几乎是史无前例。这些特权中的每一项，一旦获得便与血统结合在一起，与其不可分离。这个贵族阶级越是不再成为权力阶级，就似乎越是一个等级集团。

就拿所有这些特权中最令人厌恶的捐税豁免权来说吧：显而易见，从15世纪到法国大革命，捐税豁免权一直在增长。它随着公共捐税的迅速增长而增长。查理七世统治时期军役税只有一百二十万里弗，免交军役税的特权因而很小，而路易十六统治时期军役税为八千万里弗，此特权就非常大了。当军役税是平民的唯一捐税时，贵族的豁免权还不太引人注目。但是，当这类捐税以无数名目和无数形式倍增，另外四种捐税也变成军役税，当中世纪从不曾听说的一些捐税，如用于一切公共工程或公共事业的皇家徭役——自卫队等等

1　省区的自由传统由来已久，混同于当地的习惯、风俗、记忆，专制反而是新生事物。此时，尚无国家自由可言，地方的自由传统尚可维系一段时日。但若就此认为废除普遍自由，便可随心所欲地建立或长久维系这种传统，就未免不够理智了。——原注

都添加到军役税及其附加税中，而且赋税不均等，在这种情况下，贵族的豁免权就显得无限大[1]。不均等看上去尽管很明显，实际并非如此；因为贵族本人免税，却得替佃户交税；但在这方面，人们看到的不平等比起人们感受到的更为有害。

路易十四统治末期不堪财政重负，于是制定了两项共同税，即人头税和二十分之一税。但是，由于捐税豁免权本身是一种特别体面的特权以至于即便触犯它也得奉若神明，在捐税是共同的地方，人们注意让征税有所区别。对一些人来说，捐税是可耻的、苛刻的，对其他人来说则是温和而体面的。

尽管整个欧洲大陆都存在着捐税不平等的现象，但没有哪个国家像法国这样，不平等变得如此明显并且让人经常能感受到。在德国的大部分地区，大多数捐税是间接税。就直接税本身来说，贵族的特权常常只是承担某项共同税时份额小一些。还有一些捐税只向贵族征收，用来维持无偿服兵役的地位，而那时人们已不再强制性要求无偿服兵役了。

然而，在所有这些使人彼此不同、给阶级画上标记的措施中，捐税不平等最有害，最容易使人们从不平等走向孤立，并且可以说使这二者变得无可救药。请看其后果：当有产者和贵族不再被迫缴纳同样的捐税时，课税基数和税额每年都会以一道清晰而精确的线条在他们中间重新划出阶级的界限。每年，那些享有特权的人中的每个人都会感到一种迫切的现实利益，不让自己与大众混淆，于是再作努力以便远离他们。

---

1 杜尔哥在呈交国王的文书中，以十分精准的方法就贵族纳税特权的真实范围做出如下总结：

"1. 特权者若拥有四犁地的农场，就可免交军役税。同样的地产在巴黎附近要征收两千法郎。

"2. 特权者无须为树木、牧场、葡萄园、水塘或城堡周边的土地纳税，无论面积大小。有些地区主要出产畜牧产品和葡萄，其贵族持有者便可免于缴税，继而转嫁到军役税上；这第二种好处可谓利益丰厚。"——原注几乎没有一项公共事务不是产生于某项捐税或导致某项捐税，自从两个阶级不再被迫平等地纳税起，他们几乎再也没有必要在一起磋商事情，再也没有理由感到有什么共同的需要和情感。人们再也不用花费心思使他们分离，因为可以说人们已经剥夺了他们一致行动的机遇和渴望。

伯克在他为法国旧政体勾勒的那幅美画中，出于对法国贵族制度的厚爱，赞扬有产者善于通过谋取某个终身官职而跻身贵族阶级，他觉得这与英国开放的贵族政治有某些相似之处。路易十一确实使封爵的人数增多了，因为这是安抚贵族的一种手段，路易十一的后继者无限制地大量授爵则是为了挣钱。我们从内克那里得知，在他生活的那个时代，可以授爵的终身官职数量达四千个，这种情况在欧洲任何地方都看不到。伯克试图在法国和英国之间建立某种相似性，这只能是错上加错了。

英国中产阶级不但没有对贵族发动战争，反而与贵族团结得如此紧密，这尤其不是因为英国贵族很开放，而是因为（就像人们说的那样）英国贵族形象模糊，与其他阶级没有界限；也不是因为他们能够跻身贵族阶级，而是因为他们身在其中却毫无感知。因此所有与贵族阶级靠近的人都能成为其中的一员，参与其管理并从贵族的权势中获得某些荣耀或某些利益。

但是，将法国贵族与其他阶级分开的那道障碍虽然很容易跨越，却始终是不变的、明显的，总是能让贵族阶级之外的人从一些既可憎又鲜亮的征象中辨认出。这些人一旦越过这道障碍，便与所有原阶级的人分离，而他们刚以某些特权走出此阶级，这些特权对原阶级的人来说既难以忍受又是可耻的。

授爵制度非但没有减少平民对贵族的仇恨，反而大大加剧了这一仇恨。此仇恨使得从前与新贵族地位平等的人对新贵族的嫉妒变得更为强烈。这就是为什么第三等级在其陈情书中对新封贵族的恼怒要比对世袭贵族的大，他们没有要求将那道可能引向它路的大门开大一些，反而不断要求缩小此门。

法国历史上任何一个时代都没有像在1789年那样轻而易举便可获得贵族身份，但是，有产者和贵族也从未像在1789年那样彼此离心离德。贵族不能容忍其选民团中有任何带有资产阶级气息的东西，有产者也同样注意将那些貌似贵族的人驱逐出去。在某些省份，新封贵族遭到排斥，一是因为他们不太像贵族，二是因为他们的贵族气息太浓。著名科学家拉瓦锡[1]的境况就是这样。

撇开贵族阶级，我们现在来看看有产阶级，我们看到的竟然是一幅相同的景象，有产者脱离人民跟贵族脱离有产者差不多一样。

旧制度下，几乎所有中产阶级都住在城市。导致这一后果的原因主要有两个，即贵族特权和军役税。在领地居住的领主通常对农民都很和蔼可亲，对其邻人有产者却极其无礼。随着领主政治权力的减弱（这是根本原因），这种蛮横无礼也在不断增长。一方面，由于不再掌握统治权，他再也无须迁就这些人来帮他完成其使命；另一方面，正如人们常看到的那样，领主喜欢不厌其烦地使用他那些名存实亡的权利来自我安慰。就连他不在领地这一事实不但不会使有产者感到如释重负，反而会使后者感到很不自在。在外地主制对此甚至也没什么作用，因为由代理人行使的某些特权只能使人更无法忍受。

但我不知道军役税和所有纳入军役税的捐税是不是导致上述后果更为重要的原因。

我想我可以以简短的几句话来说明军役税及其附加税为何给农村带来的负担比给城市带来的负担要沉重得多，但这对读者来说或许没有什么意义。因此，我只须说这点就行了：聚集在城里的有

1　拉瓦锡（1743—1794）：法国著名化学家，近代化学的奠基人之一。

产者能找到无数办法来减轻军役税的压力，而且常常能免交全额军役税，而他们留在领地的话，谁也不可能单独找到这些办法的。他们尤其是以这种方式逃避了征收军役税的义务，这比他们自己缴纳军役税更使他们害怕，这是有道理的，因为在旧制度下，甚至我觉得在任何一种制度下，没有什么比教区征收军役税的人处境更糟糕的了（关于这一点，我以后还会说明）。可在乡村，除了贵族，任何人都无法逃避这项捐税，于是，富裕的有产者宁愿出租其产业并隐居到邻近的城市，也不愿受这份制约。杜尔哥曾告诉我们"军役税的征收使得所有农村平民几乎都变成了城市有产者"。此观点与我所查到的那些秘密文件的内容相符。顺便说一下，这也是为什么法国比欧洲大部分国家拥有更多的城市，尤其是小城市的原因之一。

隐居在城墙内的富裕的平民很快就不再眷恋田地，也不再有乡村情结，对留在农村的同类人的劳动和事务变得完全陌生了。他们的生活可以说只有一个目的：渴望在收养他的城市里当一名政府官员。

认为现今几乎所有法国人尤其是中产阶级对官职的迷恋产生于大革命，这是一个极大的错误。这早在几百年前就有了，此后的数世纪里，由于人们不断赋予其无数新的养料，此激情也在不断高涨。

旧制度下的官职并不总是与我们现在的一样，但我觉得那时的职位更多，小职位的数量多得几乎数不清。仅1693至1709年间就设立了四万多个职位，条件最差的有产者几乎都可谋得一职。我算过，1750年在一个中等规模的外省城市，有一百零九人从事审判工作，一百二十六人负责执行一审的判决，他们都是城里人。有产者担任这些职务的热情真的是无与伦比。谁一旦觉得自己拥有一笔小资金，就会立即用来购买一个职位，而不是用这笔钱去做生意。这微不足道的野心对法国农业和商业的发展带来的危害比行会师傅和军役税本身带来的危害更大。当职位出现短缺，求职者就开始发挥想象力，不久就发明出一些新的职位。有位叫朗贝尔维尔的先生发表了一篇论文，证明为某一行业设立一些监察员完全符合公共利益，并自荐担任这一职务。我们当中谁不知道这位朗贝尔维尔？一个有点文化且生活宽裕的人，如果一辈子没有当过政府官员，便会觉得自己白来了这世上一趟。一位与他同时代的人说："每个人，根据自己的情况，都想成为国王手下的一个小官员。"

关于这个问题，我在此所讲的那个时代与当今时代最大的差别在于，那时政府出卖职位，如今政府授予职位。我们再也不用花钱买职位，我们做得更好，我们把自己献了出去。

有产者因居住地不同和生活方式不同而与农民疏远了，但这种现象更经常是由于利害关系。人们对贵族在捐税上享有的特权表示不满，这是合情合理的。但是对有产者的特权该怎么说呢？能使有产者全免或免去部分公共捐税的职位有数千种：这人免去自卫队的捐税，那人免去劳役税，另一人免去军役税。当时有人在一篇文章里写道：除了贵族和教士，哪个教区里没有几位居民不是凭借职务或委任之事而享有某种捐税豁免权？时常会废除一部分留给有产者的职位，原因之一就是免缴军役税的人太多，致使收入减少。我相信，有产阶级中的免税者人数不比贵族中的免税者人数少，前者往往比后者更多。

这些可恶的特权使那些得不到任何特权的人嫉妒万分，却使那些拥有特权的人不可一世。在整个18世纪，一方面是城市有产者对郊区农民的敌视，另一方面是郊区对城市的嫉恨，没有什么比这两者更为明显了。蒂戈尔说："每个城市只关注自身特殊利益，为此目的，它随时准备献出本区的农村和村镇。"杜尔哥在别处对总督代理讲话时曾说："你们经常被迫制止那些往往具有篡夺性和侵犯性的倾向，城市对其所在地区的农村和村镇的行为便具有这一特征。"

对有产者来说，与他们共同生活在城墙内的人民甚至也变得十分陌生，几乎成了敌人。他们制定的地方捐税大部分都变质了，针对的主要是下层阶级。还是这位杜尔哥，在其著作的另一段落写道：城市有产者找到了制订入市税的好办法，可以对自己不造成负担。我不止一次核实过杜尔哥的这段话。

不过，有产阶级的一切行为中特别明显的一点是生怕自己与人民混同起来，并强烈渴望摆脱人民的控制，为此可以不择手段。

某城市的有产者在给总监察长的一份诉状里写道："如果国王同意市长的职位可以重新通过选举产生的话，最好是要求选民只从最重要的显贵中甚至初级法院中推选。"

从法国国王的政策里我们看到城市人民的政治权利是如何一项项被剥夺的。从路易十一到路易十五，他们的一切立法都显示出这种思路。城市有产者经常参与立法，有时还提些建议。

1764年市政改革期间，一位总督就是否应当保留手工业者和其他平民百姓选举行政官员的权利而征询一个小城市市政官员的意见。官员们回答说："人民确实从未滥用这一权利，如果把选举自己的领导者的权利这件令人快慰的事保留给他们，这会是很愉快的。不过，为了维持良好秩序和公共安定，最好还是由显贵大会来决定人选。"至于总督代理这一方面，他汇报说已在市政府召集了"本城最优秀的六名公民"，这六名优秀公民一致认为最好把选举委托给从显贵大会下属的各团体中选出的部分代表，而不是像市政官员建议的只交给显贵大会。总督代理比这些有产者更偏向民众自由，他表达了有产者的看法并补充说："对一些手工业者来说，缴纳捐税却不能监督这笔钱的使用，这确实说不过去，而且征收捐税的人因为享有捐税特权在这个问题上最没有发言权。"

不过让我们完成这幅画吧。现在我们来单独考察一下有产阶级，把人民放在一边，就像我们之前不考虑有产者而单独考察贵族阶级一样。我们发现这小部分人不仅远离其他国民，还分化成无数小团体。法国人民就如同那些所谓的基质，随着现代化学的发展，人们能更加精确地对它们进行观察并从中发现一些新的可分离粒子。我在一个小城的显贵当中就发现了至少三十六个不同的团体。这些团体规模已经很小，却还在不断地细化。它们每天都在清除可能含有的异质，精简为单纯元素。有些团体清洗后只剩下三或四名成员。他们的个性更强，更爱争吵。所有这些团体都因某些小特权而相互疏远，就连最不正当的特权也被视为尊贵的标志。各团体之间是无休止的争夺优先权的斗争。总督和法官被他们吵得晕头转向。“最终决定先把圣水给初级法院，然后再给城市团体。最高法院犹豫不决，但国王已将此案提交枢密院，并且作出了决定。是时候了，该事件使全城的人群情激昂。”如果人们在显贵大会上让某个团体的气势超过另一团体，后者就不再出席大会了，它宁愿放弃公共事务也不愿看到自己的尊严受到贬低。拉弗莱舍城的假发师团体（行会）决定“用这种方式表达赋予面包师优先权给他们带来的痛苦”。某城的部分显贵拒绝履行他们的职务，“因为显贵大会接纳了几个手工业者，有产者要人觉得跟这些人为伍有失体面”，总督说道。“如果助理法官（市政长官）的职位被授予一位公证人，就会引起其他显贵的反感，因为公证人在这里不是贵族出身，他们不是来自名门，并且都当过文书。”另一个省的总督说道。我曾谈到的六位优秀公民随意就下决定，说人民不应享有政治权利，可是，当涉及哪些人是显贵，如何确定谁先享有优先权时，他们就处于极度的困惑中。在这个问题上，他们只是谦虚地表示疑惑，他们说生怕“给自己的某些同胞带来太大的痛苦”。

法国人天生的虚荣心在这些小团体出于自尊而不断地摩擦中强化了并且变得更加敏感，公民正当的自豪感却忘得一干二净。我刚才谈到的那些行会大部分在16世纪就已存在，但其成员处理完各自联合会的事务后，都会不断地与所有其他居民聚集在一起，共同关心城市的普遍利益。18世纪的时候，他们都闭关自守，因为城市生活的各项活动越来越少，而且都由代理人实施。因而，这些小团体中的每个都只为自己活着，只管自己的事，只关心与自己有关的事。

我们的祖先没有“个人主义”的说法，这是我们为自己使用而创造的一个词。在他们那个时代，没有哪个个人不隶属于某个团体并且可以自认为是独立的个体。构成法国社会的无数小团体每个都只想到自己。这是一种集体个人主义——如果我可以这样说的话，它培养了那些人人皆知的具有真正个人自由的重要人物。

更奇怪的是，所有这些老死不相往来的人竟然变得跟一个模子刻出来似的，只要把他们的位置变换一下，就再也认不出谁是谁了。此外，你试探一下他们的想法就会发现，使如此相似的人产生隔阂的那些小障碍在他们自己看来既违背公共利益又不合常情，而且，他们在理论上已经崇仰统一性了。他们当中的每个人都珍视自己的特殊地位，只因为其他人是因其社会地位而搞特殊化。但是，如果谁都不享受特权并且不超出共同水准，他们还是随时准备融入同一个群体的。

第十章

为何政治自由的毁灭和各阶级的隔离会引起几乎所有使旧制度灭亡的弊病

在所有危害旧制度的体制并致使旧制度灭亡的弊病中，我描述了其中最致命的一种。现在我还要追溯这个如此危险、如此奇怪的弊病之根源，指出由此产生的其他弊病有多少。

如果从中世纪开始，英国人就跟我们一样完全没有政治自由和随之而来的地方自由，那么，构成英国权力阶级的各阶级很可能处于孤立状态——就像在法国和欧洲其余地方或多或少已发生的那样——而且所有阶级都可能与人民分离。但是，自由迫使他们总是离得很近，使他们在需要时能彼此商量，统一意见。

奇怪的是，英国贵族受野心的驱使，在他认为需要的时候总是擅于与下属和睦相处，并假装把他们看作与自己同等的人。我曾谈到的阿瑟·扬，他的书是现存的有关旧法国最有教益的著作之一，据他讲，有一天他来到乡下利昂古尔公爵家，表示想向附近几个最精明、最富有的庄稼人问一些情况。公爵命其管家把他们找来了。阿瑟·扬对此评论道："在英国的一个领主家里，可以请三四个庄稼人来，与领主全家一起吃饭，并且跟上流社会的贵妇人坐在一起。此情景我在英国见到不下一百次，而在法国，从加来到巴约讷，你根本碰不到。"

的确，英国贵族天生就比法国贵族高傲，也不像法国贵族那样能与所有比他们地位低下的人亲密相处，但是，英国贵族因社会地位的窘迫而不得不放下架子。为了维持统治，他们决定什么都接受。在英国，几个世纪以来，除了维护穷人的利益而先后推出的一些纳税不等法规外，再也见不到其他捐税不等的情况。请你想想，不同的政治原则会将相邻的两个民族引向何方！18世纪，在英国享有捐税特权的是穷人，在法国[1]则是富人。在英国，贵族阶级把最繁重的公共捐税留给了自己以获得统治权。在法国，贵族阶级将免税权保留到最后以便不再为失去统治权而痛苦。

14世纪的时候有句格言：无纳税人同意不得征税。此格言在法国似乎跟在英国一样被牢固地确定下来。人们常常会提起它，违反此格言似乎总是残暴的行为，遵守此格言即服从法律。那个时代，正如我所说，法国的政治体制和英国的政治体制有着许多相似之处，但后来，随着时代的前进，两个民族的命运相去甚远，变得越来越不同。它们就像两条线，从相邻点出发，但倾斜度有点不同，随着两条线不断延伸，彼此相隔得越来越远。

国王约翰被俘和查理六世疯癫必然带来的长期混乱使国民疲惫不堪，国王利用此时机在没有国民参与的情况下制定了一项普遍税，

---

1 《阿瑟·扬1789年游记》为我们描绘了两种社会状况，笔触轻松准确，于是我不禁想在此展示一番。

扬的法国之旅，恰逢攻占巴士底狱所引发的第一次动乱。由于他没有佩戴帽徽，行至某个村庄时，便被一众村民抓了起来，要把他投进监狱。为脱身，他跟村民进行了短暂交谈：

"先生们，刚才有人说应像从前那样纳税。纳税是毋庸置疑的，但绝不能采用老办法。应当效仿英国人的办法。我们有许多你们没有的捐税，但第三等级即人民不必纳税，交税的只有富人。在我们英国，我们得交窗户税，但仅有六扇窗户的人家可享受免税。领主需交二十分之一税、军役税，可是只有小花园的人就不必纳税了。富人们要交车马税、仆人税，甚至还得为打山鸡交税，小地主们却什么税都不用交。还有呐！英国还规定富人得为赈济穷人交税。所以说，若要继续纳税，必须采用其他方法。英国人的办法就很好。"

扬还补充道："我的法语糟糕透了，跟他们的方言差不多蹩脚，但村民们完全领会了我的意思；我每说一句，他们就报以热情的欢呼，觉得我是个正直诚实的人。为了证实这点，我高呼：第三等级万岁！村民立即欢呼着让我离开。"——原注

贵族只要自己被作为例外享有免税权，就卑鄙地任国王向第三等级征税，我敢说，从那一天起便播下了几乎全部恶行和几乎全部弊病的种子，使旧制度末期痛苦不堪并最终突然灭亡。我很赞赏科米内[1]非凡的洞察力，他说："查理七世终于可以无须得到各等级同意就自作主张分派军役税，使自己的心上和后继者的心上都背上了沉重的负担，在王国的身上开了一道伤口，鲜血长流。"

请你看看这创口是如何随着年代的流逝而在不断扩大的，请你密切注视事态的发展吧。

福尔勃奈[2]在他那部学术价值很高的著作《法国财政研究》中极为中肯地说，在中世纪，国王一般都是靠领地的收入生活，他还说："由于特殊需求是由特殊捐税提供的，教士、贵族和人民也应当负担。"

14世纪，由三个等级投票通过的普遍税大部分确实都具有这一特点。那时制定的所有捐税几乎都是间接税，即所有消费者不论是谁都得缴纳。有时，捐税是直接的，这时它针对的不是财产而是收入。贵族、教士和有产者须在一年之内向国王上交他们全部收入的十分之一。我在这里所说的由三级会议投票通过的捐税也可以理解为同一时期各省三级会议制定的各地区的捐税。

从那时起，以军役税为名的直接税的确对贵族不造成任何负担。贵族因有无偿服兵役的义务而免交军役税，但是，军役税作为普遍税在当时的使用范围有限，更适用于领地，而不是王国。

国王第一次利用自己的威望征收捐税时，他知道首先得选一项看上去不是直接对贵族征收的税，因为那时贵族对王室来说是一个危险的敌对阶级，决不会容忍损害自己利益的新事物，就这样，国王

1 科米内（1446—1511）：文艺复兴时期欧洲历史学家。他所著的法国君主时代的编年史以《回忆录》为名出版。

2 福尔勃奈（1722—1800）：18世纪法国经济学家。

选了一项贵族免交的捐税即军役税。

于是，在已经存在的所有特殊不平等中又增加了一项更为普遍的不平等，使得所有其他不平等现象变得更严重并保留了下来。从此，随着国库的需求因中央政权权限的增长而增长，军役税也扩大了范围并呈多样化，很快就增加到十倍，所有新的捐税都变成了军役税。每年，捐税的不等都会使各阶级分离，使人们彼此孤立，其程度是前所未有的。自从捐税最终损害的不是最有能力纳税的人的利益，而是让最没有能力的人陷入困境，就必然会出现富人免税、穷人赋税过重的可怕结果。有事实证明，马扎然缺钱的时候曾打算制定一项捐税，向巴黎的豪门征收，但遭到当事人的反抗，于是就把他需要的五百万里弗加在普遍征收的军役税上。马扎然原本打算向最富有的公民课税，结果却给最贫穷的公民造成了负担，国库倒是一分没少收。

捐税摊派如此不公正，其收益亦有限，而君王的需求是无节制的。但他们既不愿召开三级会议征收御用金，也不愿以向贵族课税的方式煽动他们要求召开相关的大会。

那不可思议而有害的丰富的财政思想就是由此产生的，君主政体最后三个世纪里，国库收入管理尤其显示出这一特征。

必须认真研究旧制度的财政和行政史，才能明白一个本应是温和的政府，它既不公开也不受控制，一旦时代赋予其权力并使它摆脱对革命——人民的最后保障的恐惧，对金钱的需求会使它采取何等粗暴而可耻的手段。

浏览这些编年史，经常能看到王家财产被出售，随即又作为不可出售物而被收回。契约遭到侵犯，已取得的权利不被承认，国家债权人在每次危机都遭到损害，公共信用不断遭到破坏。

一些终身赐予的特权经常被收回。你要是对那些因某种愚蠢的虚荣心造成的不愉快都有恻隐之心，就一定会对这些不幸的受封贵族的命运深表同情。在整个17和18世纪，人们不时地逼迫这些新封贵族购买那些虚妄的荣誉或不公正的特权，而他们已经买过无数次。路易十四就这样取消了已有九十二年历史的所有贵族头衔，其中大部分是他亲自封的。只有提供一笔新的资金才能保住这些头衔，因为按敕令说，所有这些头衔都是偶然得到的。八十年后，路易十五也没忘了效仿此例。

自卫队队员的身份不得替换，据说是怕国家提高征募新兵的价格。

一些城市、共同体、收容院不得不违背自己的诺言，为的是可以借钱给国王。教区不得承包有益的工程，怕这样会分散他们的资金，不能如数缴纳军役税。

据说总监察长奥里先生和公路与桥梁工程局局长特律代纳先生曾计划用每个区的居民提供的一笔修路费来代替公路徭役。这两位能干的行政官放弃此计划的原因很有教益，据说他们怕资金筹齐后，国库会把这笔钱挪为己用，这样纳税人得同时承担两项捐税——新税和徭役。我敢说现在没有一个人能逃脱法院的判决，如果他像伟大国王路易十四在其最辉煌时期支配公共财产那样处理自己的财产的话。

如果你遇到中世纪的某个旧机构在加重其恶行的同时始终与时代精神格格不入，或者遇到某个有害的新事物，就请深入研究其病源：你会发现某项临时财政措施会变成一个制度。为了清偿一天的债务，人们会创建一些能持续几个世纪的新机构。

很久以前有一种捐税，叫封地获取税，是针对那些拥有贵族财产的平民制定的。这项捐税在土地之间造成的分裂跟在人与人之间造成的分裂是一样的，前者因后者而不断加剧。我不知道封地获取税是否比其他捐税更加剧了平民与贵族的分裂，因为它阻止了平民与贵族的混同，因为拥有地产是最好、最快地使人们变得彼此相似的事情。一道鸿沟就这样不时地在贵族所有者和他的邻居平民所有者之间重新打开。而英国17世纪起就废除了使世袭领地区别于以平民身份占有的土地的所有特征，以最快的速度促进了这两个阶级的团结一致。

14世纪的时候，封建制度的封地获取税很轻并且隔很久才征收一次。而在18世纪，封建制度已近乎灭亡，此税每隔二十年就征收一次，数额相当于全年的收入。儿子得替父亲接着缴。图尔农业协会1761年曾说："这项捐税极大地危害了农业的发展。在国王的臣民应缴纳的所有课税中，没有一项在农村让人如此愤怒。"另一位说："这笔钱款起初是一辈子才征收一次，后来渐渐变成为一项极其残酷的捐税。"贵族自己也想废除这项捐税，因为后者妨碍平民购买他的土地，但国库拮据要求人们将它保留下来并增长数额。

人们把所有工业行会招致的种种弊病都归咎于中世纪。一切表明，起初，行会师傅和行会管事会只是一些途径，旨在使某一行业成员间建立起联系，并在每个行业内部建立一个自由的小管理机构，任务是双重的：既要协助工人，又要对他们加以控制。这似乎也是圣路易的最高追求。

只是到了16世纪初，文艺复兴时期，人们才第一次想到把劳动权视为一种特权，国王可以出售此特权。这时，所有职业行会都变成了一个个封闭的小贵族阶级，并最终建立起那些妨碍技术进步的有害的垄断集团，后者曾激起我们先辈的愤慨。亨利三世使这一弊端泛滥成灾（即便他不是这一弊端的始作俑者），直到路易十六才将其根除。可以说，这段时期，行会管事会制度的种种弊病每时每刻都在增多并扩散开来，甚至当社会进步使这些弊病变得无法忍受，公众理性使其变得更加显著的时候。每年都有一些新职业不再是自由职业，每年旧职业的特权都在增长。路易十四统治最辉煌时期，这一弊端达到了极端程度，因为对金钱的需求从来没有像此刻这么大，依靠国民的决心也从来没有此刻这么坚定。

勒特罗纳1775年曾说："国家建立工业集团的目的只是想从中获得财源，有时靠卖专利证，有时靠设置一些新官职，工业集团必须重新购买这些新官职。1673年的敕令竟然强迫所有工业集团用现金购买批准书，亨利三世制定的各项原则的后果暴露无遗；还强迫所有还不是集团成员的手工业者加入该组织。这件龌龊的交易赚了三十万里弗。"

由此我们看到人们是如何把城市的整个结构打乱的，并非出于政治目的，而是想替国库弄点钱。

对金钱的需求加之不愿求助于三级会议，于是诞生了卖官鬻爵的现象，此现象渐渐变得十分奇怪，堪称世上绝无仅有。由于税收观念引发的这种制度，第三等级的虚荣心得以在三百年间始终保持旺盛的势头，他们唯一的心愿就是获取官职，于是，对职位抱有的普遍激情深入国民的内心深处，此激情成为革命和奴役的共同源泉。

随着财政拮据的加重，诞生了一些新的职位，作为报酬，这些新职位都享有捐税豁免权或特权。设立职位的起因是国库资金缺乏而不是出于行政需要，因此，新增的许多官职都是完全无用的或有害的。早在1664年，科尔贝尔[1]作了一项调查，发现投入到这个不正当产业的资本高达近五亿里弗。据说黎世留废除了十万个职位，但这些职位很快又以其他名目重新出现。为了一点钱，人们就放弃对其代理人的领导权、监督权和强制权。一个庞大的行政机构就这样建立起来了，它是如此复杂，如此运行不畅，如此没有效力，以至于只能让它以某种方式空转并在它之外设立一个简单但更好用的管理机器，人们可以借助于此管理机器把那些官员假装在做的事情落到实处。

---

1 科尔贝尔（1619—1683）：法国政治家、国务活动家。长期担任财政大臣和海军国务大臣，是路易十四时代法国最著名的人物之一。

可以断定,如果允许大家对这些讨厌的机构提出异议,没有一个能存在二十年。如果征求三级会议代表的意见,或者当人们偶尔把他们召集在一起时听取他们的怨言,这些机构一个都建立不起来或得不到增加。数世纪来只有极少的全国三级会议不断向这些机构提出抗议,这些会议曾多次指出国王窃取权利任意征收捐税是所有弊病的根源,或者,如果引用15世纪那生动有力的语言使用的表达方式,国王窃取的是"在未经三个等级同意和商议的情况下利用人民的物质致富的权利"。三级会议代表不只是关注他们自己的权利,还强烈要求人们尊重各省市的权利并且常常得到满足。每次会议上,都有一些发自内心的声音响起,抗议捐税不等。他们多次要求废除行会管事会制度;他们抨击卖官鬻爵制,语气一个世纪比一个世纪激烈:"谁出售官爵就是出卖正义,是可耻的行为。"卖官鬻爵制确立后,他们仍继续反对滥设官职。对于众多无用的职位和有害的特权,他们奋起反抗,但总是徒劳。这些制度其实就是为了与他们抗衡而设定的,它们的产生并非出自当局要召开三级会议的愿望,而是出于一种需要——当着法国人的面对捐税进行粉饰,因为当局不敢向法国人展现此捐税的真实面貌。

注意,最好的国王同最坏的国王一样,都使用这种手段。最终创立卖官鬻爵制的是路易十二,出售官职世袭权的是亨利四世,较之于贯彻该制度的那些人的美德,该制度本身的恶端要大得多!

新机构的产生还因为当局想躲避三级会议的监督,于是把三级会议的政治职权大部分都委托给了最高法院,这给政府的司法权造成了混乱,使事情无法按部就班地进行。必须装模作样地提供几个新的保障制度以取代那些被剥夺的保障制度,因为虽说法国人对极权有相当的忍耐力(只要它不暴虐),却也不愿直面它。那么,在极权前面树立某种障碍的表象,即使不能阻止极权,至少也能遮掩一下,这么做总是明智的。

最后，新机构的产生出于这一愿望：不让国民讨还他们的自由（而他们已经被勒索钱了），以便确保各阶级处于彼此分离的状态，使他们在一种共同的抵抗中既无法接近也不能串通一气，如此一来，政府要对付的永远是与其他人分离的极少一部分人。在这漫长的历史的整个过程中，先后出现了许多非凡的君主，有些思想超群，有些才华出众，几乎所有君主都勇气可嘉，但没有一个试图让各阶级接近并团结一致，使它们都处于某种同等的依赖关系。不对，有一位国王曾做过这方面的尝试，甚至全身心投入其中，这个能揣测上帝思想的君主就是路易十六。

阶级分化是旧的君主政体的罪恶，后来却成了它的托词，因为当国民中那部分富裕而有知识的人在政府中再也不能相互理解和帮助时，国家的自我管理似乎已经不可能，必须有一位主子介入。

"国家是个社会，一个由不太团结的各等级和彼此间缺乏联系、人人只关心自身利益的民众组成的社会，"杜尔哥在给国王的一份秘密报告中忧伤地写道，"没有一个地方还存在着明显的共同利益。各村镇、各城市间的相互联系还没有它们所属的行政区多。在实施某些必要的公共工程时，它们也不能取得一致意见。在这场因各种欲望和企图而展开的持久战中，国王陛下不得不亲自决定一切，或由其委托人来决定。为公共福利做贡献，尊重他人的权利，这些都要等国王陛下的特别指令，有时连行使自己的权利也要听陛下的指示。"

国民就这样像陌生人或仇敌般共同生活了数百年，要使这些同胞关系变得亲密并教他们共同管理自己的事务，可不是一件小事。使他们分裂比把他们团结在一起要难得多。关于这方面，我们已向世人提供了一个难忘的例子。旧法国的社会各阶级曾因无数障碍而长期隔绝，六十年前，各阶级终于能重新接触了，而他们首先碰触到的却是他们的伤痛处，他们重逢只是为了互相诋毁。甚至今天，人已不再，但嫉妒和仇恨还在。

第十一章

旧制度下的自由及其对大革命的影响

如果你读到这里就停下，你对旧制度下的政府只能是一个很宽泛的印象，便也不能很好地理解制造了大革命的那个社会。

看到公民如此分裂、如此偏狭，王权如此扩张、如此强大，你可能以为独立精神已经消失，公共自由也随之消亡，以为所有法国人都屈服于专制政权的压迫。但不是这么回事。政府虽然已经独立专制地管理一切公共事务，但还没有成为所有个体的主宰。

在为极权制定的许多制度中，自由仍具有生命力，但这是一种奇特的自由，今天很难设想它是什么样子，必须仔细查看才能知道它对我们是好还是坏。

当中央政府取代所有地方政权并渐渐占满公共权力的所有领域时，它遗留下来的或亲手创立的制度，以及古老习惯、旧风俗，甚至流弊，都妨碍着它的行动，使得许多人在心灵深处依然保持着反抗精神，使许多个性保持其稳定性和生动性。

那时的行政集权与我们今天的无论在性质、程序还是目的上都无甚区别，只是权力不同。政府想方设法弄钱，但是，当它将大部分官职都出售后，却也因此失去了随心所欲封官和罢官的权利。政府对金钱的贪婪损害了对权力的野心，结果是顾此失彼。出于行动的需要，政府不断地被迫使用一些不是它亲自设计并且无法摧毁的国家机器。政府常常看到其最专横的意志在贯彻中就变得软弱无力。

组建官僚机构这种奇怪而有害的方式成为阻止中央政权绝对权力的某种政治保障制度。这就如同一道堤防，虽然造得很不规范也不结实，但能分化中央极权的力量，减轻其伤害力。

那时的政府不如现在的政府权力大，没有如今这么多恩典、赈济、荣誉和金钱，所掌握的诱惑性手段和强制性手段因而要少得多。

此外，政府并不了解其权力的确切限度。其权力没有一项是经过合法认可并被牢固确立的。政府的行动范围很广，但步伐并不稳，就像是在一片陌生的黑暗之地行进。这片笼罩在一切权力周围的可怕的黑暗，使人们看不清所有权力之界限，有利于君主摧毁臣民的自由，但也常常有利于臣民捍卫其自由。

政府意识到自己资格不够老且出身低微，行动中只要稍微遇到一点障碍就畏缩不前。你读18世纪大臣和总督的通信就会发现，这个如此具有侵夺性、如此专制的政府（当人人都服从它时）面对最无足轻重的反抗都会惊慌失措，最微不足道的批评都能使它惶恐不安，最微弱的声音都能吓得它魂飞魄散，于是，它停下，犹豫不决，进行谈判，采取折中的解决办法，总是在自己权力的天然范围内。路易十五软弱无能的利己主义及其继任者的仁慈使得他们都有此倾向。再说，这些君主绝对没有想到有人想废黜他们。后来的统治者因恐惧而常常感到的那种焦虑而冷酷的天性，他们倒是一点都没有。他们只是把自己看不见的人踩在脚下。

特权、偏见和错误思想不利于建立持之以恒、有益的自由，但是却维系着大多数臣民的独立精神，使他们坚决抵制滥用权力。

贵族对严格意义的政府嗤之以鼻，尽管他们常常跟它打交道。他们在放弃旧政权的同时保存了先辈的这种傲慢态度——既反对奴役也憎恨法规。他们对公民的一般自由一点都不关心，心甘情愿地让权力之手牢牢抓住公民，却不愿这手落在自己身上。为了获得权力，他们准备好在需要时铤而走险。大革命刚开始的时候，这个将和王权一起垮台的贵族阶级对国王，尤其是对国王的代理人的态度比那个即将推翻王权的第三等级还要傲慢，言辞也比后者更为放肆[1]。

---

1 1789年贵族阶级请愿书解析

法国大革命是一场绝无仅有的革命。革命初期，不同阶级皆能真实地表述自己的观点和感受，尽管后来革命歪曲、篡改了这些观点和感受。众所周知，这些真实证词记录在1789年三个等级拟定的请愿书中。请愿书或奏章由所涉阶级自由拟定，完全面向公众；经过当事人长时间的讨论和起草人的深思熟虑而最终成文；因为那个年代的政府，与民众交涉时并不兼具提问和答复的责任。草拟时，请愿书的主要部分被编印为三卷，如今在各个图书馆都能看到。请愿书原件，起草会议的记录现藏于国家档案馆，同时期内克尔先生及其代理人有关会议的部分来往信函也藏于此地。这些藏品集成一部卷帙浩繁的对开本丛书。这是旧式法国留给后人最宝贵、最重要的文献，但凡有人想知晓大革命爆发之际我们祖先的思想状况，都需不断查阅它。

我原以为汇编成三卷的摘要应是某一派别的作品，恐怕不能准确再现庞大调查的特点；然而对比过后，我发现浩繁的原始文件和精缩的复制本有着惊人的相似。

从下文的贵族请愿书摘要中，不难洞悉这一阶级多数人的真实情感。从中清晰可见，哪些是他们执意要保留的古老特权，哪些是他们所做出的让步，哪些是他们甘愿牺牲的东西。尤其是事关政治自由时，激励全体贵族成员的那种精神。多么古怪悲惨的场景啊！

个人权利。贵族首先声明，亟需发表一份明确阐释人的普遍权利的宣言，宣言需确保人民的自由和安全。

人身自由。贵族希望彻底废除残存的封建奴役制，力求取消黑奴贸易；人人享有在国内外自由旅行、任意定居，且不被专横逮捕的权利；改革警察制度的弊端，确保从今以后，即便在动乱之际，警察都要处于法官的掌控之下；唯有法官能够实施逮捕和审判；取缔国家监狱和非法拘禁场所。甚至有人呼吁拆毁巴士底狱，巴黎的贵族对此尤其坚持。

禁止一切密信、密旨。一旦国势危急，无法将被捕者提交普通法庭，也要设法杜绝滥用职权的现象，或知会国务会议，或采用其他办法。

贵族们要求废除所有特别委员会、分配法庭或特别法庭、辩护或延期判决等特权；严惩下达或执行武断判决的人；在唯一应予以保留的普通法庭上，应采取必要措施保证个人自由，涉及刑事犯罪时更应如此；司法裁决全部免费，取缔各种无效法庭。一份请愿书中写道："法官为民服务，而非民众为法官服务。"人们还呼吁在每个司法辖区设立委员会，为穷人提供免费辩护；实行公开预审，诉讼人享有自我辩护的自由；审理刑事案件时，必须为被告提供顾问一名；在所有司法程序中，法庭须允许一定数量的、与被告同一等级的公民旁听审理，他们负责依嫌疑人犯罪情节的轻重进行宣判。就这点来说，颇有英国宪法的意味：量刑依犯罪情节轻重而定，且一视同仁；死刑甚为罕见，体罚、刑讯等手段全部废除；犯人，尤其是嫌疑犯的境遇因而大大改善。

依照请愿书所示，应力图尊重个人从军和不从军的自由，服兵役义务可转化为缴纳金钱的方式，征兵必须在三个等级都在场的情况下进行；最后，遵守军纪、服从命令也要顾及公民和自由人的权利。

自由与财产不受侵犯。个人财产不受侵犯，除非是出于维护公众利益的目的。此时，政府须给予当事人高额补偿，且不得拖欠。杜绝一切充公行径。

商业、劳动、工业自由。切实保证工业和商业自由。取缔给予个别公司的垄断和特权，只在边境征收关税。

宗教自由。天主教是法国的国教，但也应给予每个人信仰自由，恢复非（转下页）

（接上页）天主教徒的社会地位，奉还其财产。

出版自由、信件保密原则不受侵犯。保障出版自由，预先立法明确涉及公共利益的各种限制。除涉及教义的作品，其余书籍皆不受宗教审查，只需采取必要的预防措施，知道作者和印刷者即可。不少人呼吁，出版罪只能交由陪审员审理。

人们在请愿书中众口一词地着重强调，要尊重信件的保密原则不受侵犯，如此信件才不会成为控诉的名目和手段。私拆信件是最卑劣的间谍行为，严重践踏公众信仰。

教学、教育。贵族们在请愿书中只谈到要积极热心支持教育事业，将其推广到市镇和乡村，指导学校采用符合孩子们预期的原则进行教学；特别要在学校开展国民教育，使学生懂得公民的权利和义务。他们甚至提出要为此编写一套入门课本，用以讲解宪法中学生能够领悟的核心精神。总之，贵族们并未给出简化和普及教育的具体方法，仅限于呼吁为没落贵族子弟建造教育设施。

关心人民疾苦。大量请愿书坚称要多关心人民疾苦。许多人控诉警察规章有滥用职权之嫌。警察们总是不经正式审判就把大量手工业者和有用武之地的公民丢进监狱，名目往往是犯了错误或单单具有嫌疑。这严重侵害了天赋的自由权利。所有请愿书都要求永久废除劳役制度。多数辖区都希望允许赎买使用领主磨坊、面包烘炉的税目，允许赎买通行税。大量请愿书恳请减轻封建法律规定的苛捐杂税，废除世袭领地税。其中一份显示，政府有意简化土地买卖事宜。这正是人们为一举取缔领主权利、出售不可转让的法人财产将要提出的理由。众多请愿书希望减轻鸽舍权对农业的损害。对于旨在保护国王猎物的专门机构，应以侵犯财产权为由立即废除。人们要求用轻松的捐税取代现行的税收。

贵族们要求建设富裕农村，推广福利制度；在村镇里建立纱厂、粗布纺织厂，以便在农闲时节雇用农民；为预防饥荒，把粮食价格稳定在一定水平之上，应在各个辖区内建设公共谷仓，交由地区政府监管；力求改进农业，改善农民处境；发展公共工程，尤其要开展抽干沼泽、预防洪灾等工作；要给予各省鼓励政策，用以促进商业、农业的发展。

请愿书要求将济贫院拆分，用以在各区建若干小型收容所；取缔流民收容站，代之以慈善协会；建立省级三级议会领导的救济基金，由政府出资，让外科医生、大夫、助产士免费为穷人服务；最后，还要为盲人、聋哑人、弃婴等群体建立相应机构。

总之，在上述各个方面，贵族阶级仅满足于表述改革愿望，并未给出重要的实施细节。可见，他们不如置身社会底层的低级教士了解民间疾苦，因而也就很少考虑相应的改革办法。

贵族担任公职、等级次序、荣誉特权等事宜。尤其或者说唯有提及贵族次序及等级差异时，贵族们才会偏离业已提出的改革愿望，尽管做出某些巨大让步，他们还是同旧制度有着千丝万缕的联系。贵族们感到他们在此斗争是为了自身的生存。请愿书中，他们恳求保留教士和贵族特殊阶层。希望设法保留纯正的贵族阶级，严禁购买贵族头衔，贵族阶层也不再提供此类空缺，唯有长期辛勤为国效劳的人才配被授予贵族头衔。他们还要求追查、起诉假贵族。所有这些请愿书，归根结底，还是坚持应保留贵族的全部荣誉。甚至有人提议授予贵族某种特殊标志，便于从外表辨识出贵族身份。

难以想象还有什么要求比这更典型、更能证明贵族与平民的巨大相似之处，尽管二者还存在巨大差距。大体上，贵族们在请愿书中，就许多权利表现得非常圆滑，却一意孤行地坚持保留各项荣誉特权。他们自觉已被卷进民主的浪潮中，怕就此万劫不复，因而渴望保留所有既得利益，还试图创造出不曾享有的权利。真是咄咄怪事！他们本能地嗅到危险的气息，却对此所知甚少。

就职务委派而言，贵族要求杜绝买卖法官职务；凡涉及此类职位，所有公民都享有被举荐给国王的权利，除非出于年龄、能力因素，国王皆一视同仁加以任命。（转下页）

（接上页）关于军衔问题，多数贵族认为不应将第三等级排除在外，任何军人只要有功于国都可晋升至最高军衔。一些请愿书中写道："贵族阶级否决了将第三等级拒之军队门外的法律。"贵族们只求保留自身无须由低级军衔晋升而直接担任军官的特权。几乎所有的请愿书都声称，要针对军衔问题制定适用于所有人的固定法规，不得将全部军衔留作恩典颁发，除高级军衔以外，其余均可凭资历获得。

至于教职事宜，贵族们提议恢复带薪教职选举制，或者至少由国王建立一个委员会，以向国王汇报教职分配事宜。

最后，贵族们强调从今以后要更加有选择性地发放年金，不应再侧重某些家庭，每个公民仅限领取一项年金、一个职位的津贴；废除教职继承人的制定权。

教会与教士。当无关自身特权和特殊构成而牵涉教会特权和组织形式时，贵族阶级也就不再小心掂量了，而是盯住教廷的弊端不放。

他们要求废除教士的纳税特权，教士必须亲自偿还债务，且不得将其转嫁给国民；教会必须进行彻底改革。众多请愿书都称，各级教会有违宗教精神。

多数辖区都希望减少什一税对农业生产的危害；更有不少人恳求废除什一税。有份请愿书称："最繁重的赋税正是由神甫征收的，他们很少以之为民众提供精神庇护。"可见，第二等级提及第一等级时，丝毫不会斟酌措辞，对教会不再毕恭毕敬。不少辖区都明确承认三级会议有权取缔部分宗教等级，并将教会财产另作他用。十七个辖区宣称三级会议有权制定教规。也有人称国中节日名目繁多，妨碍农业，纵容酗酒，必须大量取缔，使其推迟到星期日。

政治权利。就政治权利而言，请愿书确认每个法国人都享有直接或间接参与政府事务的权利，即是说拥有选举权和被选举权，但同时也保留了等级次序；人们仅能在其所属等级内提名及获得提名。这项原则一经提出，就应找到使所有等级都能参与国家事务的严肃方法，以此建立代议制。

人们在三级会议的投票方式上出现了分歧：多数人认为应当是一个等级一张选票；另有人称捐税表决应另当别论；还有人要求照此制定惯例。他们表示："必须按人头统计选票，而非按照等级，这才是唯一合理的形式，唯一能够避免、消灭私心的方式，私心才是万恶本源；唯有这种形式能够使人们亲密协作，引领人们走向最终目标——建立一个集爱国主义、美德和知识于一身的议会。"不过，这项新举措太过急切，在目前的思想状况下不免危险，因而许多人认为采纳时要万分谨慎，会议上要判断出是否应将按人头投票的建议留给日后的三级会议讨论。贵族们宣称，无论何时都要保证每个法国人应有的尊严；所以必须废除一切旧制度下第三等级被迫屈从的、带有侮辱意味的形式，比如下跪："一个人在另一个人面前下跪，这场景有损人的尊严，在生而平等的人类之间显示出与基本权利相悖的卑微感。"

政府组织形式和宪法原则。关于政府组织形式，贵族们要求保留君主政体，保留国王的立法权、司法权和行政权，但同时要制定根本大法，确保国民行使权力时的诸项权益。

因而，请愿书都众口一词地宣称，国家有权召集三级会议，以足够多的成员保证议会的独立性。他们希望能够定期召开会议，每逢新君登基，无须召开集会的手谕也可集会。许多辖区甚至呼吁应将其定为常设会议。倘若截至法律规定的最后期限仍无召集通知，人们有权拒绝纳税。另有少数人提议，逢会议的间隔期可建立过渡委员会，监督政府；然而请愿书显示，人们普遍反对这种委员会，认为它完全违背宪法。他们的理由很奇怪：规模这么小的议会，面对政府时难免受其怂恿。

贵族们一致认为大臣无权解散议会，若他阴谋扰乱会议秩序，就应遭受法律制裁；任何官员或与政府有牵涉的个人均不得担任议员；请愿书还称要保证议员不（转下页）

（接上页）受人身侵犯，不得因其提议被起诉；议会应公开集会，为鼓励民众参与商议，应借助印刷品传播会议内容。

许多请愿书认为应取消总督和税务总管的职位，并一致声称从今以后，唯有省级议会可分派捐税，并负责监督省内的特殊利益集团。区议会和教区议会也可效仿此法，自此仅隶属省级三级会议。

权力区分。**立法权**。就王权和国会权力之间的区分，贵族阶级声称任何法律，只有经过三级会议和国王的同意，并在负责执行的法院注册备案后，才具有效力；唯有三级会议有权设立、确定征税金额；只有在两次三级会议间隔期内，才同意给予补助金；所有未经三级会议征收或批准的捐税均为非法，凡下令征收此类税款的大臣和税务官均以贪污罪论处；

未经三级会议同意不得举债，除非在最短期限内召开三级会议，否则不得动用其决定的贷款，留待政府在战时和大灾时期使用；

所有国库都要受三级会议监督；三级会议确定各部门的支出额，并须采取最谨慎的预防措施以确保拨款不被超支。

多数请愿书恳请废除那些激起民愤的捐税，像登记税、百分之一得尼埃税、批准税等国王领地税务局辖下的税目。其中一份说："单是税务局这个名字就足以伤害国民，因为它把公民财产中货真价实的一部分宣布归国王所有。"

贵族阶级显然是想借助三级会议和省级议会把财政管理权收归国有，不论借款及税收制度的制定，还是征收捐税，均如此。

司法权。同样，在司法机构方面，贵族们力求让法官的权力——至少是大部分权力——隶属于国会。许多请愿书这样写道：

"法官履行职责时要对国会负责"；法官未经三级会议同意不得被免职；未经三级会议允许，任何法庭不得以任何借口干涉法官行事；三级会议负责审理最高法庭和高等法院的渎职行为。据多数请愿书所言，除非人民推荐，国王不得任命法官。

行政权。行政权一律归国王所有；同时也应设立必要的限制，防止滥用职权。

因此，在行政管理层面，请愿书要求政府各部门刊印账目，公之于众，大臣们对国会负责；同样，国王在调动军队抵御外侮之前，须向三级会议陈明意图。国内，非经三级会议征调，军队不得用来对付本国公民。和平时期要限制军队编制，仅保留三分之二的二等兵员。政府雇用的外国兵团应远离王国中心，可派其驻守边境。

阅读贵族请愿书时，最使人惊讶的、任何摘要都无法再现的事实，是他们有多么与时俱进：这些贵族颇具时代精神，能够流利使用时代语汇。他们谈论不可剥夺的人权，谈论社会契约固有的原则。涉及个人时，通常会关注权利；涉及社会时，则关注义务。他们认为，政治原则同道德原则一样，都是绝对的，二者的共同基础是理性。他们希望肃清农奴制残余：这事关清除最后一丝戕害人性的痕迹。贵族们有时称路易十四为"公民国王"，还屡屡谈到危害国民罪，后来证明这条罪状正是他们发明的。贵族和其他社会群体公认人人都有受教育的权利，教育事业应由国家出面领导。一份请愿书中写道，三级会议十分关注通过幼儿教育改革来塑造民族性格。贵族及其同时代的人，都对统一立法表现出持久热切的渴望，不过，事关本阶级存亡时则另当别论。他们和第三等级一样，都希望统一行政管理，统一度量衡，等等；他们提到各种形式的改革，呼吁改革要彻底。依其所言，所有捐税都应废除或变革，无一例外；整个司法制度都需变革，而领主司法除外，只需加以完善即可。对于他们就像对于所有法国人一样，法国就是个政治领域的实验室，或者某种试验田，在这里，一切都应被翻耕，一切都应被尝试，除了那些生长着他们的特权的小角落。总之，读贵族请愿书让我们知道，只要贵族是平民，他们就能发动这场大革命，因为这是他们唯一不具备的因素。——原注我们三十七年的代议制中的反对滥用权力的种种保障制度也几乎都是由贵族大胆提出的。我们在读贵族的陈情书时能感受到贵族精神及贵族的某些崇高品质,虽然其中也充满了偏见和错误。然而,人们并没有使贵族受制于法律,而是把他们打倒并彻底铲除,这永远都是件令人遗憾的事。人们在这么做的时候便也将国民中至关重要的必不可少的那部分铲除了,在自由的身上留下了一道难以治愈的伤口。数世纪中曾走在最前列的一个阶级因无可争议地长期受到尊重而培养了一种高傲的心灵,养成了对其能力天生的自信,习惯于被重视——这使它成为社会团体里最有抵抗力的部分。此阶级不仅有刚强的品质,还使得其他阶级变得更有气魄。贵族在被铲除的同时也使敌人感到不舒服。没有谁可以完全取代贵族阶级,后者也永远不会复生。贵族可以重新获得尊称和财产,但再也找不回父辈的精神。

此后人们常看到神甫在俗事中对世俗的君主卑躬屈膝(不管他是哪位君主),而且,只要此君主向教会提供一点便利,神甫就对他大肆吹捧。而之前,这些神甫是国民中最有独立性的团体之一,也是人们不得不对其种种特殊自由加以尊重的唯一团体。

外省已丧失自由,城市也只是徒有自由的虚名。没有国王的特别许可,贵族不得聚集十人共同商讨某事。法国教会将它的定期会议一直保留到最后。在教会内部,教权本身也有一些必须遵守的限制。低级教士拥有充分的保障,免受上级的暴虐,也无须防范主教恣意逼迫他们对君主唯命是从。我并不想对教会这一古老机制评头论足,我只是说教会不曾让神甫的心灵受政治的奴役。

再说,许多教士都是贵族血统,把贵族阶级的傲慢和反抗精神也带进了教会。他们在国家中还占据着很高的地位并享有特权。这些封建特权对教会的精神统治是有害的,却使每个教士在世俗政权面前具有独立精神。

不过,促使教士具有公民的思想、需求、感情甚至热情的,是土地所有权。我耐心阅读了旧的省三级会议特别是朗格多克省三级会议留下的大部分报告和议会讨论记录（因为朗格多克的教士比其他省份的教士更多地参与公共管理的具体事务），以及1779年与1787年召开的省议会记录。当我带着我这个时代的观念阅读此类文献的时候，我惊讶地看到一些主教和修道院院长（其中好些人以完德和学识著称）亲自撰写报告，要求修建有关某个道路或某条运河，在深知底细的情况下论述这个问题；以丰富的知识和高超的技艺探讨增加农业产量、保障居民的福利以及促进工业繁荣的最佳方法，他们的水平可以跟那些与他们共同负责此类事务的所有世俗之人媲美，经常还略胜一筹。

与一种普遍的且被广泛认可的观点相反，我敢说，那些使天主教士失去了占有土地的权利并将其全部收入变成薪金的民族只是在支持罗马教廷和尘世君主的利益，而使自己失去了很大一部分自由。

一个人，如果在他最年富力强的时候屈服于某个外部权力，而他在居住的地方不能有家室，那他只能以一种牢固的纽带即地产与土地维系在一起。切断这根联系，他就不再特别地归属于某个地方。在这个偶然降生之地，他像个局外人生活在一个世俗社会中，这里几乎没有任何利益能直接打动他。在信仰上，他只依赖教皇，在生活上，他只依赖君主。他唯一的祖国是教会。每次政治事件中，他只看见对教会有益或有害的事。只要教会自由、昌盛，别的又有何重要？他在政治上最自然的状态是不闻不问。在基督城里他是杰出的成员，在其他各处则是平庸的公民。在一个既是儿童的导师又是风俗的引领者的团体里，这样的感情和类似的想法必然会使整个民族的精神在触及公共生活时变得软弱无力。

要想对人的社会地位变化能引致的精神革命有个正确的观念，必须重读1789年教士等级的陈情书。

教士在陈情书中常常表现得很偏执，有时固执地坚守他们的好些旧特权。不过,他们也反对专制制度,支持公民自由,并同第三等级或贵族一样热爱政治自由,宣称个人自由应受到保护,不是靠许诺,而是靠一种类似于人身保护法的诉讼程序。他们要求摧毁国家监狱,废除特别法庭和提审,公开所有法庭辩论,要求不罢免任何法官,所有公民均可任职,职位只向有功德的人开放。他们还要求:对平民征兵不要太暴虐、太侮辱人且任何人不得免除兵役;领主特权因源于封建制度,对自由是有害的,因而必须赎买;劳动自由不受任何限制,废除内地关税;增加私立学校:在教士们看来,每个教区须设立一所学校,推行义务教育;每个乡村都应建立世俗慈善机构,如赈济所和慈善工场;出台各种农业鼓励措施。

在严格意义的政治领域,教士比任何人都不加隐讳地宣称国民有权集会以便制定法律,对捐税进行自由表决,并且此权利是不可剥夺和不可转让的。他们断言,不得强迫任何法国人缴纳任何一项未经他本人或代理人投票通过的捐税。他们还要求自由选举而产生的全国三级会议每年召开一次,当着国民的面讨论一切大事,制定普通法,且不能用任何特殊惯例或特权来对抗普通法。教士们还要求三级会议制定预算,甚至控制王室,并希望三级会议代表是不可侵犯的,希望大臣们永远对三级会议负责。他们还要求每个省都设立三级会议,每个城市都设立市政府。至于神权,则只字未提。

即使从各方面来说,法国天主教教士当中某些人有显著的罪恶,我也不知道世上还有哪国教士比他们更杰出,能像他们那样在遭遇大革命突然袭击时表现得如此开明,如此爱国,不囿于个人道德而具备公共道德,并同时具有坚定的信仰(对教士的迫害很好地证明了这一点)。我带着无数偏见开始研究旧社会,而在结束这一研究时却对他们满怀敬意。说真的,法国天主教教士也有缺点,如好侵略,性情偏执,本能地有时甚至盲目地固守教士的特殊权利,但这些缺点是所有行业组织(无论是政治组织还是宗教组织)固有的,特别是当这些行会紧密结合并组织完善时。

旧制度的有产阶级也比我们今天的有产阶级更多地体现出某种独立精神。其形态上的某些缺陷甚至有助于形成此独立精神。我们看到，那时的有产阶级所占据的职位比今天的多，而且中产阶级对获得这些职位表现出同样的热情。不过，请注意时代的差异。那时大多数职位既不是政府授予的也不能被其剥夺，因而任职者的地位更高，无须受政权的任意支配，也就是说，如今使许多人感到束缚的东西在那时却最有助于使他们受到尊重。

而造成有产阶级与民众不幸分离的各种各样的豁免权使有产阶级变成了假贵族，而假贵族也常常表现出真贵族的傲慢和反抗精神。有产阶级被分割成无数特殊的小团体，每个团体里的人往往都不关心普遍福利，只想着小团体的利益和权利。他们要捍卫的是共同的尊严和共同的特权。从来没有人会在人群中失去自我，唯命是从。每个人都站在舞台上，这舞台很小，确实如此，但光线充足，台下还始终有一群老观众，他们随时准备鼓掌或喝倒彩。

较之今日，那时遏制一切反抗之声的手段还很不完善。法国还没有变成我们今天生活其中的这个沉闷之地，而是充满响声，尽管它还没有政治自由，只需提高一点嗓门就能在远处听见。

那个时代，能够确保被压迫者可以申诉的途径便是司法机构。那时的法国因其政治和行政制度已成为一个极权国家，但人民因法国的司法制度仍然是自由的。旧制度下的司法机关错综复杂，处境尴尬，办事效率低，费用昂贵，这些或许是严重的缺点，但你在这里绝对看不到对政权的屈从——屈从只是卖官鬻爵的一种形式，甚至更坏。这致命的弊病不仅使法官堕落，而且很快毒害到全体人民，但司法机关却丝毫没有受到影响。法官是终身的，不求升迁，这两点确保了法官的独立性；因为即使有无数办法收买法官也不可能强制他做什么，这有什么关系。

王权终于从普通法庭那儿窃取了审理几乎所有涉及当局的案件之权利，尽管如此，王权对普通法庭还是十分畏惧。王权不许法庭审理，但也不敢总是阻止法庭接收诉状并发表意见。那时的司法语言保留着古法语喜欢用专有名词指称事物的特点，法官便也经常直截了当地把政府的举动称作专横暴虐行为。法院不时地对政府进行干预，经常扰乱行政事务的正常进行，但有时却成了个人自由的保障。一个大弊端却能遏止另一个更大的弊端。

在这些司法团体内部及其周围，旧风俗的活力依然存在于新思想当中。最高法院对自己或许比对公共事务更关心，但是，应当承认，最高法院在捍卫自己的独立和荣誉时始终表现得不屈不挠，并把其精神传给身边所有人。

1770年巴黎最高法院被撤销，法官们失去其地位和权力，但没有一个人在国王的意志面前让步。此外，另一类法院如间接税法院，尽管没有受到损害和威胁，当那些严厉惩罚变成确定无疑时，他们主动要求同受处罚。还有更壮观的：在最高法院进行辩护的首要律师甘愿与最高法院同甘共苦，他们放弃升官发财的机会，宁愿保持沉默也不在名声败坏的法官面前出现。自由民的历史上没有比此时发生的事情更壮观的了，而这就发生在18世纪，路易十五的宫廷附近。

司法惯例在很多方面成了国民习惯。人们从法庭获得一种观念，即任何案件都可以辩论，任何判决都可以上诉。人们还从法庭学会了使用公开性，对法律程序产生了兴趣，这些都是与奴役势不两立的东西，而这正是旧制度留给我们的唯一有关自由民教育的内容。政府本身也从司法语言与惯用语中借鉴了很多。国王规定自己下诏令须说明理由，下结论须先陈述原因。枢密院的判决都有长篇前言，总督通过执达员下达命令。在起源久远的所有行政机构如法国国库官员或选民机构内部，所有事务均公开讨论，辩论之后再作决定。所有这些习惯、所有这些形式对君主专制都是重重障碍。

唯有人民，特别是乡村民众，对压迫除了使用暴力，几乎没有反抗的办法。

我刚列举的种种捍卫自由的手段其实大部分都是人民力所不及的。要想借助于这些手段，就必须在社会上拥有某个引人注目的地位，某种能够被听见的声音。可是，在法国，除了人民，还没有人能对自己的顺从提出异议，没有人在屈服中还能反抗。

国王以首领而不是以主子的身份对国民讲话。路易十五在其统治初期下达的一道敕令的前言中说："我们很荣幸地统领着一个自由而仁慈的民族。"路易十五之前的一位祖先曾用更古老的语言表达过同一思想，他在感谢全国三级会议代表的大胆进谏时说："我们宁愿跟自由人而不是跟奴隶讲话。"

18世纪的人几乎没有这种对安逸的迷恋（安逸可看作奴性的根由），此激情萎靡不振，却根深蒂固且经久不衰，往往跟某些私德混淆甚至交织在一起，这些私德包括爱家庭，稳定风俗，尊重宗教信仰，甚至对既定的宗教采取不冷不热但按时参加的态度——它弘扬诚实，捍卫英雄主义，善于造就正派人和懦弱的公民。18世纪的人比今天的好，但又不见得好。

那时的法国人喜爱快乐并崇尚享乐，同今天的人相比，他们或许在习惯上更放荡，感情和思想上更紊乱，但对我们眼下这种适度而合乎情理的肉欲主义，他们尚无概念。上层阶级的人忙于美化生活而不是设法让生活变得更加便利，只想着出名而不是发财。中产阶级甚至也从不沉湎于安逸的生活，他们经常放弃对安逸的追求而去追寻更精致更高尚的享乐，他们在各处存放除金钱之外的其他财产。有个同时代的人用一种奇怪但不乏自豪感的文笔写道："我了解我的民族：擅长于将金属铸造成钱币和挥霍钱财，但不会以一种惯常的崇敬之情获取金钱，而是随时准备回到古代偶像如价值、荣耀和崇高那里。”

此外，千万不要以一个人对最高权力的服从程度去评价他的卑劣，否则就是在使用一个错误的尺度。旧制度下的人无论怎样服从于国王的意志，有一种服从却与他们毫不相干：如果一个政权是不合法的或受到争议的，如果此政权不受人尊重且常常遭到蔑视，人们甘愿受其统治只因为它有用或可能于己不利，他们是不会屈从于这样的政权的。这种有损名誉的奴役形式对他来说始终是陌生的。国王在他们心中激起的某些情感是此后世上出现的最专制的君主都无法企及的，因为大革命已将这些情感从我们心中连根拔除，我们甚至也几乎无法理解它们。旧制度下的人对国王不仅像对父亲一样充满爱，还像对上帝一样满怀敬意。即使是服从国王最专横的命令，他们也是出于爱而不是出于强制，甚至在极度的依赖中他们往往还保持着非常自由的精神。对他们来说，服从的最大弊病是强制，对我们来说，这是最微不足道的。最坏的弊病是迫使人服从的奴性。不要蔑视我们的父辈，我们没有这个权利。但愿我们在看到他们的偏见和缺点的时候也能发现一点他们的伟大之处！

因此，认为旧制度是个无独立精神、充满依赖性的时代，这是大错特错。那时的自由比我们今天要多许多，但那是一种非规律性、时隐时现的自由，始终受阶级的局限，始终与特殊性和特权的观念相关，既任人对抗法律，也准许人反对专制，但几乎从来没有想到要为所有公民提供最自然、最必需的保障。自由就这样变得狭隘并且已经走样了，但依然是丰富的。

在中央集权越来越致力于消解所有个性，使其变得温顺、暗淡的时代，自由却在众多人心中保留着它与生俱来的特性，色泽和光芒依旧，使众人心中滋生自豪感，经常使对荣誉的爱好胜过对其他所有事物的爱好。我们将要看到的那些精力旺盛的重要人物，那些骄傲而勇敢的天才，都是沐浴着自由的雨露成长的。他们使法国大革命既受到后人敬仰又令后人恐惧。要在一片自由不复存在的土地上培育出一些如此刚毅的美德，这是不可能的。

不过，即使这种不正规的、病态的自由为法国人推翻专制制度做了准备，却可能使法国人不比其他任何民族更适合在推翻了专制制度的地方建立和平、自由的法之王国。

第十二章

为何文明取得了种种进步，农民的境况有时却比13世纪时还糟糕

18世纪，法国农民再也不用受封建小暴君的蹂躏，只是偶尔遭受来自政府的某些暴行。他们享有公民自由并拥有一部分土地，但是其他阶级的所有人都排斥他们，法国农民生活在极度的孤独中，也许是世界上任何地方都闻所未闻的。这是一种新的特别的压迫，其后果值得专门进行认真的研究。

据佩雷费克斯说，早在17世纪初，亨利四世就对贵族舍乡进城感到不满。18世纪中期，离乡几乎成为普遍现象。那个时代的所有文献，包括经济学家的著作、总督的通信集、农业协会的论文，都指出了这一现象并为之感到遗憾。我们在人头税登记簿里找到了这方面的可靠证据。人头税是在真实的住所征收的：所有大贵族和一部分中等贵族的人头税都是在巴黎征收的。

农村几乎只剩下因经济状况不佳而没有能力去别处的贵族。他们与农民即他们的邻居面对面相处，此处境我想是富裕的有产者从未经历过的。这些贵族不再是农民的首领，也就不再像过去那样有义务照顾农民，帮助并引导农民。另一方面，由于贵族不必跟农民一样缴纳公共捐税，因而既不可能对农民的悲惨处境因感同身受而深表同情，也不会附和农民的种种抱怨——这些对贵族来说是陌生的。农民不再是贵族的臣民，而贵族也还不是农民的同胞，这种现象是历

史上绝无仅有的。

这就带来了一种情感上的在外地主经济制（如果可以这样说的话），它比真正的在外地主经济制更常见且效果更明显。因此，仍在其领地居住的贵族（对农民）的看法和情感往往是他不在乡下时其管家的看法和情感。像管家一样，他认为佃农只是债务人而已，于是对他们敲诈勒索，只要是按照法规或出于习惯仍然归他的一个子都不能少给，这就使得封建特权所遗留的捐税比封建时代还要沉重。

留守贵族经常身负重债并且穷困潦倒，他们通常住在城堡里，精打细算地过日子，只想着攒钱好去城里过冬。老百姓的话总是一针见血，他们给这类小贵族起了个名字，用猛禽中最小的鸟的称呼：燕隼。

有人或许会以个体来反对我，但我谈的是阶级，只有阶级才能被写进历史。不可否认，那时许多富裕的地产主也关心农民的福利，尽管他们没有必然的理由，与农民也没有共同利益。不过，这些地产主的做法正与其新社会地位的规律相悖，此规律使他们不由自主地漠视农民，也使他们从前的附庸心怀仇恨。

人们常把贵族离乡归因于某些大臣和某些国王的特殊威信：有些人说是黎世留的缘故，另一些人说是路易十四的缘故。使贵族与平民分离，吸引贵族进入宫廷和从事公职，这确实是君主政体的最后三个世纪里几乎所有君王倡导的思想。这尤其发生在17世纪，那时的贵族阶级还是王权恐惧的对象。在向总督提的种种问题中就有一个这样的问题："贵省的贵族喜欢留在乡村还是离乡进城？"

我们找到了一位总督的回信，他在信中对其省的贵族喜欢与农民为伍，而不愿在国王身边履行职责深表不满。不过，请注意：我们说的省是安茹省，即后来的旺代省。这些不愿为国王效劳的贵族据说就是那些手持武器捍卫法国君主制并在战斗中敢于献身的人。他们能取得如此辉煌的荣誉，是因为善于把农民留在自己身边，有人还指责他们喜欢跟农民混在一起。

但是，千万不要把构成国家头脑的那个阶级的离乡归因于某几个法国国王的直接影响。产生这一现象的真正主要原因并非某些人的意志，而是种种制度缓慢而不断斗争的结果。证明是：18世纪的时候，政府想战胜恶，却无法终止恶的蔓延。随着贵族最终失去政治权利而又没有得到其他任何权利，随着地方自由的消失，贵族离乡进城人数剧增。再也用不着引诱他们离开自己的家，因为他们再也不想待在农村，田园生活对他们来说已变得毫无趣味。

我这里所说的贵族应该理解为法国各地富有的地产主，中央集权的国家其乡村全无开明而富有的居民。我可以补充说：中央集权的国家即耕作方式陈旧且不完善的国家。我还要对孟德斯鸠那句意义深刻的话作个评论，并确定其含义："土地出产多少不在于其肥沃程度，而在于居民享有自由的程度。"不过，我不想偏离主题。

我们在别处已经看到有产者如何离开农村从四面八方去城市找一个栖身之地。旧制度的所有文献里没有哪一点比这更一致的了。这些文献显示，农村向来几乎只有一代富裕的农民。耕作者但凡靠技艺最终获得一点财产，便立即让儿子放弃耕地，把他送进城并给他买一个小官职。法国耕作者对使其变得富有的职业常常表现出一种特别的反感，甚至在今天依然如此，此反感情绪可以上溯到这个时期。造成这种结果的原因已经难以追索。

说真的，长期生活在农村并与农民频繁接触的唯一有教养的人，或如英国人说的唯一绅士，便是本堂神甫。如果本堂神甫不是与政治等级制度联系得如此密切、如此明显的话，他们会令伏尔泰失望而成为农村居民的主人的。本堂神甫虽然拥有政治等级制度的好些特权，却也部分地激起了该制度所产生的那种仇恨。

农民与上层阶级几乎完全隔离开了，甚至与那些本来能够帮助并引导他们的同类也疏远了，后者拥有知识或变得富有后便避开农民。农民像是从全国人民中挑选出来放在一边似的。

如此严重的现象在欧洲任何一个伟大的文明国家都不曾出现过，即使在法国也是新近的事。14世纪时，农民受的压迫更深但得到的援助也更多。贵族有时也残酷地压迫农民，但从未抛弃农民。

18世纪时，村镇是一个共同体，其成员都是穷人，无知且粗野，行政官也跟村民一样没有教养，被人瞧不起；村民代表不识字；收税人不会编制邻居的和自己的财产账单。旧领主不但没有权利统治共同体，而且认为介入其管理屈尊降贵，认为制订军役税、征集民兵部队、确定徭役都是卑下的行为，是理事的工作。只有中央政权关心共同体，但是，由于其所在地遥远并且对居住在共同体中的那些人还没有什么可担心的，因而所谓的关心只不过是从中获利。

现在请你来看看那个被抛弃的阶级的状况：没有人想残酷地压迫农民，但也没有人试图教育他们并为其服务。

封建制度使农村居民承受的种种最苛刻的捐税或许已取消或减轻了，但人们并不太了解的是，之后又出现了一些新的捐税，可能更为沉重。农民无须承受其父辈遭受的种种不幸，却要忍受其父辈从未经历过的许多苦难。

我们知道，两个世纪以来军役税增加了十倍，这几乎全都是由农民负担的。这里有必要解释一下农民的军役税是如何征收的，你们从中可以看到野蛮的法律何以在文明的世纪里得以制定或维持，而全民族中最有知识的人几乎都不想去改变这些野蛮法律。

我在1772年总监察长写给各省总督的一封密函中找到了对军役税的描述，堪称一幅精确而简明的小杰作。他在信中说：“军役税的摊派很随意，征收是连带责任的，在法国的大部分地区不是属人税而是属物税，因此，军役税会随着纳税人财产每年变动而不断变化。”

几句话就说明了一切，没有人能用更巧妙的语言来描述这个有人从中得利的弊端了。

教区应缴纳的全部税额每年都要重新制定。据这位总监察长说，税额是不断变化的，耕田者无法预料下一年应缴纳多少税额。教区每年会推选一位农民担任收税员，由他将捐税额分摊到所有其他人身上。

我曾许诺要谈谈这个收税员的处境。让我们来听听1779年贝里的省议会是怎么说的，该议会无可置疑，因为其成员全是免缴军役税、由国王选定的享有特权者。议会纪要里写道："由于大家都不愿当收税员，只好每人轮流任职。征集军役税的任务因而每年都委托给一个新的收税员，也不管他能力如何或是否正直。所以，每个名册的制作都会受到制订该名册的人个性的影响。收税员将他的惧怕、他的软弱或恶习都印进了名册中。再说，他怎么才能完成这项工作呢？他在黑暗中行动，因为谁也不可能确切知道邻居的财产有多少，也不知道此人的财产与另一个人的财产的比例是多少。而收税员只能凭自己的判断做决定，他以他的所有财产甚至人身对税务员的职务负责。一般情况下，两年期间，他有一半时间都在赶往纳税人家里的路上。不识字的人须在附近找个人替代他。"

杜尔哥曾在这之前谈到另外一个省时说："这个工作使那些身兼此职的人深感绝望，并几乎总是导致其破产，村里所有富裕家庭就是这样相继陷入贫困的。"

不过，这不幸的人也善于使用极其专横的手段，他差不多既是暴君又是受虐待者。他自己在任期内破产，还掌握着让所有人破产的权力。贝里省议会说："对亲属、朋友和邻居的优惠，对敌人的仇恨和报复，对保护人的需求，怕得罪某个有工程的富裕公民，这些在他心里与种种正义感作斗争。"恐惧常常使收税人变得无情。在某些教区，收税员出门收税必定有催税员和执达员陪伴。1764年一位总督给大臣写信说："如果收税员不带上执达员，纳税者就不肯付钱。"我们从吉耶内省议会记录中还看到："光是维勒弗朗什财政区就有一百零六个拘禁传令官和别的执达官助理马不停蹄地到处跑。”

为了逃脱这种专横粗暴的课税，18世纪的法国农民也像中世纪的犹太人那样行事。他们看上去极其贫穷，实际并非如此。他们不敢显富，这是有道理的，我在一份文献里找到了一个十分明显的证据（我不是在吉耶内，而是在距它百里的地方发现的）。曼恩农业协会在1761年的报告中说，他们曾打算以牲畜作为奖品设个奖项，但“打消了这个念头，因为它担心某种卑劣的嫉妒心会给获得这些奖品的人带来有害的结果，会使他们在未来几年里因课税的任意分摊而增加烦恼”。

在这种捐税制中，每个纳税人确实会从直接而长远的私利出发去窥伺邻居，向收税员揭发邻居财富的增多。结果是大家相互嫉妒，告密，彼此仇恨。不是说这些事是在印度斯坦某个王侯的领地里发生的吗？

不过，同一时期，法国有些地区征税正规且税额很轻，这便是某些三级会议省，它们的确有权自行征税。例如在朗格多克省，军役税只根据地产来制定，并且不会随着地产主财富的增减而发生变化。还为军役税制作了一个带有看得见的固定基数的土地册，土地册编制得很详细，每三十年修订一次，其中土地按肥沃程度被分为三个等级。每个纳税人事先就知道他应缴纳的具体税款。如果他拒绝纳税，他本人或他的土地须承担责任。如果他认为自己在捐税摊派中受到损害，他始终有权要求将其纳税额与他选定的教区的另一居民的纳税额进行比较。这就是我们现在所说的比例均等。

我们看到，所有这些规章制度正是我们现在所遵循的，从那以后我们几乎没有做任何改进，只是将它们普及化。值得注意的是，尽管我们从旧制度政府那里继承了我们的公共管理形态，但还是注意没有在其他方面模仿旧制度政府。我们是从省议会那里而不是从旧制度政府那里借用了我们最好的行政管理方法。在采用机器的同时，我们却抛弃了产品。

农村居民习惯性的贫穷带来了一些不宜遏制贫穷的格言。黎世留在其政治遗嘱中写道："人民生活富足，就很难遵守规则。"18世纪时，人们的看法虽没有这么糟糕，但仍然认为农民如果不是经常为穷困所迫是不会劳动的，因此贫穷似乎是杜绝懒惰的唯一保障。这正是我有时听到的人们在谈论我们殖民地的黑奴时发表的理论。此看法在统治者当中广泛流传，以致几乎所有经济学家都认为必须在形式上与这种观点作斗争。

我们知道，征集军役税的最初目的是让国王有钱购买士兵以免除贵族及其附庸的兵役，但在17世纪，兵役的义务又以自卫队的名义重新被提出，这次只落在人民身上，而且几乎只针对农民征兵。

只需查看一下装满总督府纸箱的数不清的骑警队案件笔录——内容都是关于追捕逃避兵役的自卫兵或逃兵的——就足以判断招募民兵并非没有障碍。对农民来说，没有比兵役更令人无法忍受的公共捐税了。为了逃避兵役，他们经常躲进森林，须动用武力追捕他们。这让人吃惊，当你想到今天的强迫性征兵是那么容易的时候。

应当将旧制度的农民对民兵的这种极度厌恶归因于执行法律的方法，而不是法律原则本身，特别是此方法让那些有可能被征的人长期感到的惶惶不安（四十岁都可能被征兵，除非已经结婚）；还应当归因于法律的任意修改，结果是抽上好签的人也不能免除兵役；归因于兵役的不可替代性，以及对这种艰苦危险且没有晋升可能的职业的反感；但尤其应当归因于如此沉重的负担只落在农民，而且是农民中最贫穷的人身上，如此无耻的条款使执行更加困难。

我手里就有不少1769年众多教区的抽签记录，上面有每个教区免除兵役者的情况：这个是贵族家的仆人，那个是修道院的看守，第三个的确是个有产者的仆人，不过此有产者过着贵族般的生活。家境富裕是免除兵役的唯一条件，要是一个耕田者年年在最高纳税者的名单上，其子女就享有免除民兵兵役的特权，这就是所谓的鼓励农业。经济学家在其他方面总是宣扬平等，却并没有被这个特权所激怒，只要求将其扩大到其他境况，即最贫穷、最无人保护的农民的负担变得更沉重。其中的一位经济学家说："士兵的微薄军饷，他衣食住行的方式，他彻底的依赖性，这一切是如此严酷，只有下层平民能忍受。"

直到路易十四统治末期，大路一直无人保养，或由所有过路人即国家或沿途所有地产主承担费用。但是，大约在这个时期，大路的维修开始只依靠劳役，也就是说全由农民负担。不花钱就有好的公路，这个办法真绝妙，所以总监察长奥里在1737年的一份通报里将它向全法国推广。总督被授权可以随心所欲地将抗拒者投入监牢，或派士兵到他们家。

从那时起，每当商业增长，对好的道路的需求和兴趣扩大时，徭役就被应用到新修道路上，徭役的负担也增长了。我们在1779年贝里省议会报告中读到，这个穷省由劳役实施的工程每年大约七十万里弗。1787年下诺曼底省的数额跟这差不多。没有比这能更好地证明农村居民的悲惨命运的了，社会的种种进步使其他阶级变得富裕，却使农村居民深感绝望，文明只对他们无利。

大约在同一时期，总督们在通信中写道，由于徭役是专门用于大路或人们所说的皇家大道的，因此，最好不要让农民在他们村子的私人道路上使用徭役。亏他们想得出，居然让最穷、最少出门的人付养路费。这个想法虽新奇，却极其自然地在那些从中得益的人的头脑里生根，以致他们很快就认为事情不可能有其他方法解决。1776年，人们试图将徭役改为地方税，不平等立刻改变了形式，随着新的捐税接踵而至。

徭役从以前的领主徭役变成了现在的皇家徭役，渐渐扩展到所有公共工程。我看到1719年的时候徭役还被用来建造兵营！根据当时的法令，所有教区均须派遣最好的工人，其他工程都必须为兵营工程让路。是徭役运送苦役犯进监狱，送乞丐去慈善收容所。每次部队迁址，也是徭役用大车运输军用品，有时每个军团后面都带着沉重的行李，这时任务就极其繁重，得从很远的地方调集无数小车和牛拉这些东西。这类徭役起初并不繁重，当常规军变得越来越多时就成为一种最沉重的徭役。我在文献中看到一些国家承包人强烈要求给他们派送劳役，将建筑木材从森林运往海军兵工厂。这些服徭役的人通常都是领取工资，但工资总是随意定并且很低。如此不合理的捐税，其负担有时变得极其沉重，连征收军役税的收税人都为此感到担忧。一位收税人在1751年写道："农民被征收的修路费是如此高昂，他们很快就没有能力支付军役税了。"

如果农民身边有一些既有钱又有教养的人，愿意并且有权利向那个已经掌握穷人和富人命运的共同主宰替农民说情（即使谈不上保护农民），所有这些新的压迫还会成立吗？

我读到一封信，是1774年某个大地产者写给他所在省的总督的，请求总督为他们开辟一条道路。照他的说法，这条路会使村子繁荣昌盛起来，他还给出种种理由。接着，他谈到要成立一个集市，他断言该集市会使食品价格增加一倍。这位善良的公民又补充说，只要争取到一点资助就可以创办一所学校，为国王提供更精明能干的臣民。他在这之前并没有想到这些必要的改革，两年前一封有国王封印的信将他禁于城堡中，他才开始思考这些问题。他在信中坦言："两年来在自家领地的流放生活使我确信所有这些都是极其有益的。"

不过，尤其是在饥荒时期，人们发现过去将农村大地产者与农民维系在一起的种种保护和依赖关系松弛或断裂了。在那些危机时刻，中央政府对自己的孤立和软弱突然害怕起来，想暂时恢复已被自已摧毁的个人影响或政治团体。政府呼吁他们前来帮助，但没有人愿意来，当它发现这些人已经死亡，而且是它亲手杀死的时候，它往往感到很惊异。

在此绝境中，最穷的省份的一些总督，比如杜尔哥，私自规定所有富裕的地产者必须向其佃农提供食物，直到翌年收获季节。我找到好几个本堂神甫写于1770年的信，他们在信中建议总督向其教区的大地产主征税，无论这些地产主是在教的还是在俗的："这些地产主拥有许多田产，但并不住在那里，他们从中获得巨大收益，然后去别处挥霍。"

甚至在平常，村里也是乞丐泛滥成灾，因为正像勒特罗纳所说，城里的穷人能得到救济，但在农村里，当冬季来临，穷人只能靠乞讨度日。

人们经常以极其粗暴的方式对待那些不幸的人。1767年，舒瓦瑟尔公爵想突击消灭法国的行乞现象。可以从总督的通信中看到他的行为多么残酷。骑警队接到命令在同一时间将法兰西王国内的所有乞丐一起抓获，据查实在这次行动中有五万多人被逮捕。身体强壮的流浪汉被送去服苦役，至于其他人，为此开了四十多个乞丐收容所：让有钱人发发善心岂不更好。

旧制度的这个政府，就像我说过的那样，面对高于人民之上的人是那么温和，有时还那么胆怯，彬彬有礼，慢条斯理，敬重万分，而对下层阶级，尤其是农民，却常常态度粗暴并总是动怒。在我看过的文件当中，没有一份内容是关于总督下令逮捕有产者的，而农民却不断遭到抓捕，被送去服徭役，当民兵，行乞，做保安，以及无数其他工作。对于前者，使用的是独立法庭，长时间辩论，监护公开。对于后者则是行政法官作即席判决并且没有上诉。

"人民与所有其他阶级之间存在的巨大差距有助于转移人们的视线，使其不去关注别人如何使用威信对付那些默默无闻的人。宽厚和仁慈是法国人的特征也是世纪精神，失去这两点，这对于那些对奴役仍抱有同情心的人（尽管他们自己不是被压迫阶级）将是一个永恒的令人悲伤的问题。”

但是，压迫不仅表现在这些不幸者受到虐待，还表现在他们连改善自己处境的权利都没有。他们是自由的，并且拥有地产，却几乎和其祖先农奴一样无知并且常常比他们更悲惨。他们置身于艺术奇观中却没有技艺，身处一个被知识照亮的世界里却举止粗野。他们保留着其种族特有的才智和敏锐，却不知道如何使用它们。他们甚至在耕作上也无所成就，而这是他们的本分。“我眼前展现的是10世纪时期的农业。”英国一位著名农学家说。他们只精通打仗，这里，至少他们和其他阶级还保持着一种自然而必不可少的联系。

农民就生活在这孤立而悲惨的深渊中，过着封闭的生活，不被人理解。当我看到天主教信仰轻而易举就被废除，且教堂遭到亵渎前不到二十年政府为了解某个区人口有时采用这种方法，即本堂神甫清点复活节出席圣餐的人数，加上孩童和病人的预计数，得到的便是居民总数，我惊呆了，可以说吓坏了。然而，时代的思想已经从四处潜入这些粗野人体内。它们是通过一些间接的秘密方式进入的，并在这些狭窄、阴暗的地方呈现出奇异的形态。不过外表似乎还没有发生丝毫变化。农民的风俗，其习惯和信仰似乎依然如故。他们盲目服从，他们甚至很快乐。

不应怀疑法国人在他们的极度痛苦中常表现出的快乐情绪，这只能证明法国人认识到自己的厄运是不可避免的，因而尽力不去想它，自寻快乐，而并非对其厄运没有感觉。一旦为这些人打开一条出路，使他们摆脱他们自己似乎并不感到深受其折磨的苦难，他们便会立即朝出口飞奔而去，态度极其粗暴，如果你挡住他们的路，他们会看都不看地从你的身上踩过去。

对于这些事情，我们从现在所处的角度能看得很清楚，但那个时代的人是看不到的。上层阶级的人要想明察老百姓心思，尤其农民心里的所思所想是非常困难的。教育与生活方式为农民对人类事务的理解打开了他们固有的、始终向他人封闭的角度。而当穷人和富人几乎不再有共同利益，不再同悲叹，也不再有共同事务时，向一方思想掩盖另一方思想的黑暗就会变得深不可测，这两个阶级的人就会永远生活在一起却永远也不会彼此渗透（相互交融）。看到所有占据社会大厦中高层的人甚至在大革命初期还生活在无忧无虑中，听他们私下巧妙地谈论人民的美德，人民的温和、忠诚、纯真的快乐，而1793年已来到他们身边，面对如此可笑而恐怖的景象，怎能不感到奇怪。

我们在这里停留一下再继续这个问题，并通过我刚才描述的这些小的事实来看看上帝治理社会最伟大的一条法则吧。

法国贵族阶级执意要同其他阶级加以区别，贵族终于被免去压在他们身上的大部分公共捐税。他们以为免除这些捐税就保留了他们的尊严，起初似乎是这样。但一种内脏疾病很快就与他们的社会地位紧密相连，他们的地位每况愈下，遭人鄙视。随着他们的豁免权增多，他们变得越来越穷。他们最不愿与其为伍的有产阶级却变得富有了，成为有见识的人，他们蔑视贵族并与之作对。贵族原先不愿让有产者作为自己的合作者，甚至不愿有这样的同胞，但不久他们就发现有产者从竞争对手很快就变成了敌人，并最终成为他们的主人。一种外来的力量使贵族摆脱了管理、保护、救济其附庸的责任，但同时也保留了贵族金钱方面的权利和荣誉性的特权，他们认为自己没有任何损失。他们继续走在最前面，便以为自己还在指挥，因为他们身边还有一些公证书中称作其臣民的人，其他人则自称是贵族的附庸、自由租地的保有者、佃农。实际上，没有人跟他们走，他们很孤单，而当人民最终出来对他们进行攻击时，他们只能逃跑了。

尽管贵族和有产者的命运完全不同，这两个阶级在一点上是相似的：同贵族一样，有产者最终也和人民分离。有产者不与农民接近，便也接触不到他们的贫困。他们不是与农民紧密团结以共同与普遍不平等进行斗争，而是试图建立新的不公正为己所用，他们像贵族积极维护其特权那样热衷于获取特权。出身农民的有产阶级不仅将农民视为外人，而且可以说视为陌生人。只是当他们把武器交给农民时才发现自己不知不觉已激发了农民的激情，而他们这时既没有能力控制也无法引导民众的激情。他们从鼓动者很快就变成了牺牲品。

看到似乎本应该扩展到整个欧洲的这座法兰西大厦变成废墟，各时代的人都会感到震惊。但是，细心阅读法兰西历史的人都能理解它衰落的原因。我刚才描述的几乎所有罪恶、错误和致命的偏见，无论是它们的产生、持续还是发展其实都是由我们的大多数国王所采用的使人们彼此隔离的手段造成的，唯有这样他们才能实施更加专制的统治。

但是，当有产者就这样与贵族相隔甚远，农民与贵族以及有产者也保持一定距离时，当类似的作用在各阶级内部持续发生，一些特殊小团体便会在各阶级内部产生，这些小团体相互隔离的程度不亚于各阶级的分化，此时就会出现这样的情况：一切只构成一个同质的整体，但各部分不再有相互联系。再也组织不起任何机构约束政府，再也组织不起任何人支持政府。结果是，当充当其基础的社会受到震动，整座君王的辉煌大厦在瞬间彻底倒塌。

而人民——似乎唯有他们从其历代统治者的错误和过失中受益——即便真正摆脱了统治者的绝对控制，也难以逃脱统治者施加给他们或任其形成的种种错误观念、恶习、不良爱好的影响。人民在行使自由权时，甚至把奴隶的习性也带进来，无法控制自己的情绪，对自己的导师竟然也冷酷无情。

第三编

第一章

18世纪中叶，文人为何都成为国家最重要的政治家，其后果如何

关于引发法国大革命那些古老而普遍的事件，至此先告一段落。我马上要谈论的是最终确立这场大革命的地位、起因和特点的更为新近的特殊事件。

在欧洲所有国家中，法国一直是最有文学味的。法国文人在18世纪中叶前后所展现的那种精神是前所未有的，他们在那个时代所占据的地位也是至高无上的。这一盛况此后再也不曾出现，我想世界上任何国家也绝不会出现此盛况。

法国文人不像英国文人那样每天都介入国家事务，绝不介入，而是尽可能远离国家事务，他们没有任何权力并且在一个到处是官员的社会里不承担任何职务。

不过，他们也不像大多数德国文人那样对政治漠不关心，只是潜心于纯粹哲学和美的文学中。法国文人对关乎政府的所有问题都感兴趣，说真的，他们只关心这些。每天都能听见他们谈论社会起源及社会原始形态，公民的首要权利及政府的首要权利，人之间自然的及人为的关系，风俗的错误或合法性，以及法律的种种原则本身。他们就这样每天都深入了解其时代制度的基础，好奇地研究该制度的结构并对其总方案进行批判。并不是所有法国文人都把这些重大问题作为某项特殊而深入的研究之对象，这是真的。大多数人甚至只是

开玩笑一般顺带提提而已，但人人都遇到了这些问题。这种抽象的文学政治在那个时代的所有作品中都有不同程度的体现，从大部头论著到诗歌，没有一部作品不含有一点这种成分。

至于这些作家构想的政治体系，那真是千差万别，谁要是想进行调解，使之形成一个统一的管理学说，那他永远都完成不了这项工作。

然而，如果不考虑细节而去研究最初的思想，我们轻易就能发现这些不同体系的制造者们至少在一个非常普遍的观念上是一致的——此观念似乎是他们每个人都考虑到的，在他们脑海里似乎先于所有特殊思想而存在，并且是这些特殊思想的共同源泉。不管在剩下的活动中思想分歧有多大，他们都遵循这个起点，都认为应当从理性和自然法中汲取一些简单的基本法则来取代统领其时代社会的那些传统而复杂的习俗。

如果你仔细观察，就会发现我们所说的18世纪政治哲学严格说来就是由这唯一的观念组成的。

类似的想法并不是前所未闻的，三千年来，它不断地通过人们的想象时隐时现，难以固定下来。这次它怎么会征服所有作家？为什么它没有像过去常见的那样停留在几位哲学家的头脑里，而是深入民心并激发起民众持久不衰的政治热情，以至于某些有关社会性质的普遍而抽象的理论成为日常闲谈的主题，甚至激发了妇女和农民的想象力？一些既没有社会地位、荣誉和财富，也没有职位和权力的作家怎么会变成那时代真正的最重要的政治家，甚至只有他们才算得上政治家，因为别人是行使统治权，唯有他们掌握着政权？我想对此加以简要的说明，让你们了解这些似乎只属于我们文学史的事件对大革命乃至对我们今天产生了怎样非同一般的巨大影响。

18世纪的哲学家们所构想的一些观念经常与仍然作为当时社会基础的种种观念背道而驰，这并非偶然。这些思想的产生自然是受到他们亲眼所见的那个社会的启发。如此多不公正的或可笑的特权，人们越来越感到深受其压迫，越来越发现这些特权毫无依据，此情景把每个哲学家的思想同时推向或者更确切地说猛推向这一观念：人生来是平等的。看到从旧时代遗留下的这么多不平等而异常的制度，却从来没有人试图使之趋向一个目标，适应新的需要，而这些旧制度在丧失其效力后似乎还要长期延续下去，这时，哲学家们很容易地就对旧事物和旧习俗深感厌恶，必然倾向于在理性之光的照耀下勾勒一个崭新的图景以重建他们那个时代的社会。

这些作家的生活状态本身为他们接受有关政府管理的那些普遍而抽象的理论作了准备，使他们盲从这些理论。由于他们的生活与实际几乎毫无关联，其天性中的热情因而没有因为磨难而减弱。现有的事实可能给那些最合乎要求的改革带来的种种障碍，他们一概不知。对于最急需进行的革命始终难以避免的那些危险，他们没有任何概念，甚至一点预感都没有。他们毫无政治自由，政界对他们而言不仅十分陌生，而且是不可见的。因此，他们在那里无所事事，甚至不知道别人在做什么。就连最少介入政府管理的那些人因目睹某个自由社会、听到其中谈论的所有事情而具有的那点浅薄知识，他们都没有。他们因此变得更大胆，勇于创新，更热爱普遍观念和各种制度，更蔑视古代智慧，也更相信自己的理性，这在那些撰写有关政治学思辨著作的作家中通常是看不到的。

同样，民众的无知则使得他们完全听信于这些作家，把他们当作知己。如果法国人还像从前那样参与全国三级会议的管理工作，如果他们每天继续关心各自的省议会的地方行政管理，可以肯定，法国人绝不会像在大革命时那样被作家的思想所鼓舞，而是会适度地行使参政权，这可以使他们对纯理论产生反感。

如果法国人也能像英国人那样不废除旧体制，只是通过实践逐步改变旧体制的精神，也许就不会那么积极地去构想一些前所未闻的体制。他们中的每人每天都感到其财产、人身、福利或自尊受到某种旧法律、旧政治习惯、旧权力残余的束缚，却又看不到自己可以用来医治这特殊疾病的方法。好像只能二者取一：要么容忍一切，要么彻底摧毁国家体制。

不过，即便所有其他自由已经消亡，我们依旧保留了一种自由，我们可以几乎不受任何限制地进行哲学研究，探讨社会的起源、政府的本质和人类的首要权利。

所有受到日常立法实践束缚的人很快就喜欢上了这种文学政治。连那些因其天性或社会地位自然而然地与抽象思辨离得最远的人也对此深感兴趣。在那些因军役税的不平等摊派而利益受到损害的纳税人当中，没有一个不为"人生来是平等的"的思想所振奋。田地遭其邻人即贵族家的兔子破坏的小地产者，没有一个听到"所有特权一律受到理性的谴责"之说法而不欣喜若狂。各种公众激情就这样都穿上了哲学的外衣，政治生活被猛然驱逐到文学中，作家掌控着舆论的导向，一段时间里，其地位之高如同那些自由国家里的政党领袖。

再也没有人能跟他们争夺这个地位。

一个充满活力的贵族阶级不仅管理事务，还引导舆论，给作家定基调，并使思想产生巨大影响。18世纪，法国贵族已彻底失去这部分威信。贵族的信誉随着权力的丧失而消失，贵族统领思想的地位已变得无足轻重，作家因而能伸展自如，独自占据这个地位。

此外，18世纪的贵族，其地位已被作家占据，却依然支持后者的事业。他们竟然忘记，某些普遍理论一旦被接受就必然转化为政治激情和行动，于是，那些最反对贵族特权甚至最主张消灭贵族的种种理论在他们看来无非是富有情趣的精神娱乐。他们主动介入其中以打发时间，并安然享受贵族的豁免权和特权，心平气和地谈论所有既定习俗的荒谬性。

看到旧制度的上层阶级就这样带着如此令人不解的盲目促使自己走向灭亡，我们常常感到惊异。可他们能从哪里获得启迪呢？下层平民需要自由的体制来确保其权利，最重要的公民同样也需要自由的体制，从而了解自己的危害。公共生活的最后痕迹在我们当中消失了已一个多世纪，与维护旧体制有最直接关系的人此后再也没有受到这座古老大厦坍塌的打击，也没有听到其衰亡的风声。大厦的外表没有发生任何变化，他们便以为一切依然如故。他们的思维还停留在父辈的观点上。贵族在1789年的陈情书里流露的对王权侵占行为的忧虑与他们在15世纪的陈情书里说的竟然一样。至于国王，正如伯克十分精到地指出的那样，不幸的路易十六在被民主洪流淹没前还把贵族视为王权最主要的对手。他不信任贵族，仿佛自己还处在投石党运动的时代。而有产阶级和人民在他看来则是王权最可靠的依赖，这正是其祖先的看法。

我们眼前有无数革命的残迹，而令我们更为惊讶的是，我们祖先的头脑中并没有暴力革命的概念。人们不谈论它，因为还没有设想出此概念。公共自由对那些稳定的社会不断给予的小小打击每天都在提醒公众社会可能要覆灭，让大家保持警惕。但是，在这个即将跌入深渊的18世纪的法国社会，还没有任何预示说社会大厦已经倾斜。

我认真看了三个等级在1789年召开会议前制定的陈情表，我说的三个等级即贵族、教士以及第三等级。我看到这里要求变更某项法律，那里要求改变某个惯例，我把这些都记下了。我就这样继续做这项浩繁的工作，当我无意中把所有这些特殊愿望汇集起来时，我惊恐地发现人们要求的是同时而系统地废除本地现行的一切法律和惯例。我立即发现这将是一场史无前例的最广泛、最危险的革命。明日将成为革命的牺牲品的人对此却一无所知，以为凭借理性，甚至借助于理性唯一的效力就可以平静地使某个社会迅速发生彻底的变革。可怜的人！他们甚至忘了四百年前先辈们用那时代朴实而生动有力的法语说的那句格言：太过要求独立和自由，便是寻求更大的奴役。

贵族和有产阶级长期以来一直被排斥在一切公共生活之外，他们显得如此特别无经验，这并不使人惊奇。令人惊异的是，那些在国家事务中起领导作用的人如大臣、行政官、总督都不怎么有远见。不过，好几个都是精明能干的人。他们对他们那个时代国家行政机关的所有详细情况都了如指掌，但是，说到治国这门旨在教人理解社会的一般运动，判断民众的头脑里在想什么并预见由此导致的后果之学问，他们跟老百姓一样无知。其实，唯有自由体制的游戏能向政治家传授治国的要领。

这在杜尔哥1775年给国王的报告中能看到，在众多提案中有一项就是建议国王实行全民自由选举并在国王身边每年召集一次为期六周的代议制议会，但不赋予大会任何实际权力。大会只讨论行政管理而绝不插手政府事务，提建议而不是表达意志，它的任务其实就是讨论法律，但不制定法律。他在报告中说："如此一来，王权就会发出光辉而不是受到阻碍，公众舆论无须冒任何风险便能得到满足。这些大会无权反对（国王的）必然的行动，即使不服从，国王陛下永远是主宰。"人们不会更加低估一项措施的意义和自己所处的时代精神。确实经常发生这样的情况：人们总是在革命即将结束时才能不受指责地按杜尔哥的建议去做，因此，给的不是真正的自由，而是自由的影子而已。奥古斯都成功地在这方面进行了尝试。一个民族被长久的辩论弄得疲惫不堪时，只要能获得安宁，便情愿受人欺骗。历史告诉我们，只需在全国聚集一些没有名气的人或听话的人，给他们薪金让他们在国民面前扮演政治议会的角色，就足以让全民满意。这种例子有好几个。但是，在革命初期，这些做法总是以失败告终，只燃起民众的激情，而不是令其满意。在一个自由的国家，最微不足道的公民都知道这一点,伟大的行政官杜尔哥却不知道。

法兰西民族对自己国家的事务漠不关心且没有经验,受国家制度的约束却没有办法使之得到改善,而同时它又是世界上最有文学修养、最热爱智慧的民族,当你想到这些的时候,你就不难理解作家怎么会在法国成为一种政治力量,而且最终成为最重要的力量。

在英国,撰写政治学著作的作家与统治国家的人是不分的,前者将新观念引入实践,后者借助事实纠正理论并给理论限定范围。而在法国,政界始终像两个彼此分离、互不往来的省份。一边是治国,另一边负责制定抽象原则——一切行政管理都应以此为依据。这里的人按常规采用一些特殊措施,那边的人宣布一些普通法,但从未想过如何贯彻这些普通法。一些人统帅事务,另一些人负责指导思想。

真实社会,其结构还是传统、混杂且不规则的,其法律呈多样性并互相矛盾,其等级具有显著区别,在此社会中,人的社会地位被固定下来,捐税不均等,于是,在这个真实社会之上逐渐建造起一个虚幻的社会,其中的一切看上去既简单和谐、均匀公正又合乎理性。

渐渐地,大众的想象力离开了现实社会,躲进虚幻的社会。人们对已有的不感兴趣,关注未来会是什么样子,最终,他们通过想象生活在作家建造的那个理想国里。

有人常认为我们的革命得益于美国革命,美国革命确实对法国革命产生了很大影响,但是较之于美国革命,同时期的法国思想对法国大革命的影响更大。当在欧洲其他国家,美国革命还只是一个前所未有的奇特的事件时,在法国,它却使人们认为已经了解的东西变得更加鲜明,更激动人心。美国革命在欧洲其他国家引起人们的震惊,在法国则引起人们的共鸣。美国人似乎只是将法国作家设想的蓝图付诸行动,他们使我们梦寐以求的东西化为真正的实体。这就如同费内隆[1]突然现身萨朗特。

对于一个伟大的民族来说，其全部政治教育都由文人来担当，这种情况是史无前例的，法国大革命具有自己的精神并产生了我们今天所见到的影响，这恐怕要归功于此。

法国作家不仅向革命人民提供了他们的思想，还把他们的气质和情绪传给了人民。生活在对实践全然无知状态中的全体国民在他们的长期教导下，通过读他们的作品（他们没有别的精神导师），终于沾上了这些作家的习性、气质、爱好甚至恶习，结果是，当全体人民最终必须采取行动时，便把文学的所有惯例都搬到政治当中。

研究法国革命史的人都会发现，大革命史所体现的精神与那些谈论政府的大量的抽象著作之精神完全一致。具体表现为：对一般理论、完整的立法体系及法律的严格对称之好感；对现实状况之蔑视；对理论之信赖；对政体的独特性、创造性和新颖性之爱好；根据逻辑规则并按照一个统一纲领重新制定宪法，而不是修正宪法的各个部分之愿望。多么可怕的情景！作家身上被视为优点的在政治家身上有时却是缺点，启发作家写出优美作品的那些事物却有可能引起大革命。

政治语言也从作家的语言中借用了某些表达方式，充满通用习语、抽象术语、矫饰之词及文学短语。此风格被政治热情所利用，在其助长下进入所有阶级并且轻而易举就渗透到最下层阶级。大革命前，路易十六的敕令中就经常谈自然法和人权。我看到有些农民在其诉状中称邻舍为同乡，称总督为尊敬的行政官，称教区本堂神甫为圣坛使者，称上帝为至高无上的主宰，这些农民只差不会写字，否则定能成为相当不错的作家。

这些新品质与法国人性格中旧的素质融为一体，以至于人们经

---

1 弗朗索瓦·费内隆（1651—1715）：法国著名教士、作家、思想家，其论著涉及社会、政治问题。

常把源自这种独特教育的东西归因于法国人的天性。我听到有人断言，六十年来我们在政治方面对普遍观念、体系和伟大的言辞的喜好或者更确切地说酷爱取决于我们种族的某种特性，取决于人们有些夸张的说法——法兰西精神。似乎这个所谓的特性一直隐藏在我们的历史中，直到上世纪末才突然显现。

奇怪的是，我们在几乎彻底丧失昔日对文学的热爱的同时，却保留了从文学那儿借用的习惯表达法。我从政期间看到有人几乎不读18世纪的书，更不用说其他世纪的书了，他们对作家也很鄙视，但却忠实地保留了他们未出世时的文学精神表现出的某些主要缺点，对此我常常感到不解。

第二章

不信教何以成为18世纪法国人一种普遍的主要情绪，这对大革命的特点产生了何种影响

在16世纪的那场大革命中，审查精神试图在各种不同的基督教传统中分辨真伪，此后，不断出现一些更好奇或更大胆的天才，对一切基督教传统提出异议或全盘否定。这种精神还在路德时代使好几百万天主教徒同时放弃自己的信仰，每年都将好些基督徒逐出基督教：紧接着异教而来的是不信宗教。

可以说，18世纪时，基督教在整个欧洲大陆已失去大部分势力，但是，在大多数国家，基督教不是遭到强烈反对，而是被抛弃，抛弃基督教的人似乎都依依不舍地离它而去。无宗教信仰在君王和才子中间广泛流传，几乎还没有渗透到中产阶级和民众当中。它依旧是某些人的心血来潮，而不是一种公论。米拉波在1787年说道："说普鲁士的所有省份尽是无神论者，这是在德国广泛传播的一种偏见。事实是，就算德国有几个自由思想者，那里的人民依恋宗教的程度丝毫不亚于那些最虔诚的地区，甚至有许多狂热分子。"他还说腓特烈二世不允许天主教教士结婚，尤其拒不让结婚的教士领取教士圣职的收入，这真是一件令人遗憾的事。他说："我们敢说禁止教士结婚这项措施只有这位伟人才能想得出。"除了法国，在其他任何国家，无宗教信仰还未成为一种普遍、强烈、偏执和压制人的激情。

在法国，发生了一件从未碰到的事情。人们在其他时代曾对既定宗教发起猛烈攻击，但是，他们反对这些宗教时的热情总是来自于新的宗教激发的狂热。古代虚假而令人憎恶的宗教只是在基督教出来要取代它时才遇到大量狂热的反对者，之前它们是在怀疑和冷漠中缓慢地悄悄逝去的，这便是宗教的老死。在法国，人们怒气冲冲地攻击基督教，并没有想到以另一种宗教取代它。为了摆脱充斥灵魂的信仰，人们满怀热情地不断努力，让灵魂变空。无数人带着满腔热情献身于这项徒劳的事业。宗教方面的绝对无信仰极其违背人的本能，使人的灵魂陷入痛苦，但对民众似乎很有吸引力。如果说之前它只造成某种病态的颓废，这次引发的却是宗教狂热和传教精神。

几位打算否定基督教真理的伟大作家的相遇似乎不足以解释一个如此奇特的事件。为什么这些作家的思想都倾向于这一方面而不是那一方面？为什么他们当中没有一个人认为自己选择的是反题？最后，为什么他们比所有先辈更幸运，民众对他们言听计从，深信不疑？只有从这些作家所处的时代和国家中寻找原因才能解释他们的壮举，以及这项事业成功的原因。伏尔泰精神存世已久，但伏尔泰本人几乎只能在18世纪并且只能在法国占据主导地位。

首先我们要承认，教会在法国不比在其他国家更应受到攻击，法国教会掺杂的恶端和流弊比大部分天主教国家都少。较之于过去甚至其他民族，法国教会不知要宽容多少。因此，与其从宗教状况还不如从社会状况中去寻找这一现象的特殊原因。

为了理解这点，有必要回顾一下我在上一章讲述的观点，这就是：由于政府的种种恶端招致的全部政治上的敌对精神不可能在政治事务中产生，于是就隐藏到文学中，作家成为主要党派的真正首领，他们的目标就是推翻国家全部社会和政治制度。

抓住这一点，需要讨论的问题就改变了目标。问题不再是要知道那时的教会作为宗教机构会在哪些方面犯错误，而是要弄清楚教会在哪些方面对正在酝酿中的政治革命形成阻碍，并且有可能对作家即革命的主要发动者造成特别的阻碍。

教会利用其管理原则来阻扰作家试图在世俗政府中得到承认的那些原则。教会主要信赖传统，作家则对以尊重传统为基础的所有制度都表示极大的蔑视；教会承认某种权威胜于个人理性，作家只求助于个人理性；教会以某种等级制度为基础，作家则倾向于混同所有等级。为了能够与教会达成一致，双方都必须承认，由于政治社会与宗教社会在本质上是不同的，不能用相同的原则来处理各自的问题，但那时的情况与此相差很远。似乎要想使国家制度垮台，必须摧毁教会制度，因为教会制度是国家制度的基础和原型。

此外，教会在当时是最重要的政治权力，也是令所有人最憎恶的，尽管它不是最暴虐的。因为教会介入政治权力，尽管这原非其使命和本性所要求。教会在别处谴责罪恶，却将政治权力中的罪恶神圣化。它利用自己的神圣不可侵犯性掩盖这些罪恶，似乎要使政治权力像它自己一样永存。当你攻击教会的时候，你肯定立即能体会到民众的激情。

不过，除了这些普遍的原因，作家还有一些更特殊，可以说是个人的原因。教会代表的正是政府中离作家最近也是最截然不同的部分。其他权力对作家来说只是时有感觉，而教会这部分权力则是监视思想动态和审查作品，每天烦扰作家。作家们为捍卫人类精神的普遍自由而同教会作斗争时，其实也是在为自己的事业作战，并且从打碎对他们束缚最深的桎梏着手。

此外，他们觉得在他们所抨击的整个大厦中，教会似乎是而且也确实是暴露最多、防守最差的一面。随着世俗君主权力的增强，教会的权力变弱了。教会从统治君主到与它平分秋色，最终沦为君主的仆人。君主和教会建立了一种交易：前者向后者提供他们的物质力量，后者向前者提供它的精神威望。君主勒令臣民服从教规，教会唆使信徒尊重君主的意志。革命的时刻即将来临，此交易是危险的，并且始终是不利的，尤其是对于一个不是建立在强制性的束缚上而是建立在信仰上的权力来说。

尽管法国国王还自称教会的长子，对向教会应尽的义务却敷衍了事。他们保护教会的热情不及捍卫自己政府的热情高。他们不允许人们公开攻击教会，却任由人们从远处投射大量武器击穿它。

对教会的那些敌人强加的部分约束没有削弱他们的力量，反而使之增强了。有的时候，压迫作家能阻止思想运动，另一些时候则会加速此运动。不过，如果使用某种类似人们那时对出版界实行的治理方法，教会的权力肯定会增长百倍。

对作家迫害无须恐吓他们，只需引起他们抱怨。他们忍受着这种能激发其斗志的痛苦，却无法忍受使人不堪重负的枷锁。作家受到的种种指责几乎总是拖得很长，引发众多争议但徒然无效，好像目的不是要他们放弃写作，而是激发他们的创作热情。给予出版某种完全自由对教会的损害或许小一些。

狄德罗曾在1768年的信中对大卫·休谟说："较之于你们的无限自由，您认为我们的偏执更有利于思想的进步，对此，霍尔巴赫、爱尔维修、莫尔莱和絮亚尔[1]不能苟同。"不过，还是苏格兰人休谟说得对。作为一个自由国家的居民，休谟对此深有体会。狄德罗是以作家的身份审视，休谟则是从政治家的角度审视。

我曾在美国或别的国家叫住遇到的第一个美国人，问他是否觉得宗教有益于法律的稳定和社会的良好秩序，他毫不犹豫地回答我说，一个文明社会，尤其是一个自由社会，没有宗教便不可能继续存在。他认为，对宗教的尊重是国家稳定和个人安全最重要的保障。

---

1 四位均为法国启蒙时代思想家。

最不通晓治国之道的人至少也知道这点。然而，世界上没有一个国家像美国那样将18世纪哲学家在政治方面的最大胆学说运用得如此广泛。而18世纪哲学家的反宗教学说却从未能在美国出版，尽管那里享有出版的无限自由。

英国人亦如此。英国人接受我们的反宗教哲学宣传的时候，我们的大多数哲学家还未出世呢，伏尔泰是接受博林布鲁克[1]的教育成为哲学家的。在整个18世纪，不信教在英国有一些著名代表人物。一些杰出的作家和有深度的思想家承担了反宗教的事业，但他们从未能像在法国那样使这一事业获得成功，因为对革命仍感到恐惧的那些人都赶紧跑来拯救公认的信仰。就连那些最频繁地介入当时法国社会、认为法国哲学家的学说并非荒谬的人也因这些学说的危险性而加以拒绝。一些伟大的政党——就像自由的民族常发生的那样——发现将其事业与教会的事业结合在一起有利无弊。人们看到博林布鲁克自己就成了主教的盟友。教士被这些榜样所激励，从不感到孤立，他们亲自出战，为自己的事业奋勇战斗。英国教会，尽管其结构有缺陷且内部弊端密集，却成功地承受住了打击。教士阶层出现了作家和演说家，他们热情捍卫基督教。反对基督教的那些理论，在被讨论和驳斥后最终遭到社会的全盘否定，政府并未介入此事。

但是，为什么要在法国以外的国家寻找例子？今天哪个法国人敢写狄德罗或爱尔维修的书？谁会读这些书？我几乎想说，有谁知道这些书的书名？我们六十年来在公共生活中获得的不全面的经验足以使我们对这种危险的文学失去兴趣。你们看到，随着法国各阶级在严峻的革命学校里获得这种经验，对宗教的尊重逐渐在各阶级重新占上风。旧的贵族阶级在1789年以前是最无宗教信仰的阶级，

1 博林布鲁克（1678—1751），英国政治家、政治哲学家，托利党领袖之一，反宗教学者。

1793年后却成了最虔诚的阶级。他们最先受到攻击，也是最先皈依宗教。当有产阶级在胜利中感到自身受到打击时，我们看到他们也在接近宗教信仰。渐渐地，无论在哪里，当人们感到在民众的混乱中有所失去时，便加深对宗教的尊重。随着对革命的恐惧的显露，不信教消失了，或至少隐藏了起来。

旧制度末期情况并非如此。我们已经彻底不再参与人类重大事务活动，我们对宗教在各帝国政府中所担当的角色一无所知，以至于无宗教信仰首先在这些人的头脑里确定：出于最迫切的个人利益，他们希望国家安定，人民安分守己。他们不仅欢迎无宗教信仰，还盲目地向下层阶级传播。他们将对宗教的蔑视变成其无所事事的生活中的一种消遣。

法国教会在这之前拥有许多伟大的演说家，此时却感到很孤立，被所有因某个共同利益而与教会的事业联系在一起的那些人所抛弃，因而变得沉默无语。人们曾在一时认为，只要让法国教会保留其财富和地位，它随时都会谴责自己的信仰。

否定基督教的人提高嗓门，而保持宗教信仰的人则沉默不语，这种情况从此在我们中间经常发生，不仅是在宗教方面，在其他方面亦如此。保留旧信仰的人怕自己是唯一对旧信仰保持忠诚的人。由于害怕孤独甚于谬误，他们便加入民众的队伍，思想却与之不同。原先还只是一部分国民的情感，就这样似乎成了全民的意见，甚至在造成这种假象的人看来，这感情似乎是不可抗拒的。

所有宗教信仰在上世纪末都普遍失去威信，这无疑对整个法国大革命产生了莫大的影响，也成为法国大革命的特点。没有什么比这更能说明人们赋予法国大革命这副狰狞表情的原因了。

当我试图弄清楚无宗教信仰在当时的法国导致的不同结果时，我发现不信教不是使人堕落，或者败坏风俗，而是使人精神失常，为那个时代的人采取如此奇特的过激行动做了准备。

当宗教脱离灵魂，它没有像经常发生的那样让灵魂处于空洞而虚弱的状态。灵魂一时突然被感情和思想填满，它们一度占据着宗教的位置，不让灵魂消沉。

即使制造大革命的法国人在宗教方面比我们还没有信仰，他们至少保留着我们所缺乏的一种可钦佩的信仰：他们相信自己。他们对人类的可完善性及其威力坚信不疑。他们出于天性热衷于人类的荣耀，相信人类的美德。他们将这种骄傲的自信带进自己的暴力中，骄傲的自信虽然常常导致谬误，然而，一个民族没有它就只能充当奴仆。他们相信自己担负着改造社会、使人类获得新生的使命。这些情感和热情对他们来说已变成一种新的宗教，并像宗教那样产生了巨大的影响，使他们摆脱个人利己主义，甚至趋向英雄主义和忠诚，使他们经常对我们难以摆脱的所有小利益仿佛无动于衷。

我认真研究了历史，我敢肯定我从未遇见这样的革命：一开始你就能在如此多的人身上发现一种更真诚、更无私、真正伟大的爱国主义。这个民族在大革命中暴露了青年人的主要缺点，如缺乏经验；还有他们的主要优点，即骁勇。

然而，不信教在当时却导致了难以估量的公共灾难。

在此前世界上曾出现过的大多数伟大的政治革命中，对既定法律进行攻击的人曾经也是尊重信仰的，而在大多数宗教革命中，对宗教进行攻击的人也没有打算同时改变所有权力的性质和秩序并彻底废除旧的政府体制。因此即便发生最大的社会动荡，总有一个基点始终是稳固的。

但是，在法国大革命中，就在民事法律被推翻的同时，宗教法规也被废除了，人类精神于是完全不在状态，不知道还有什么东西可以攀附，还有什么地方可以栖息。人们看到出现了一些革命者，像是属于某个陌生的人种，他们大胆无畏，近乎疯狂。任何新鲜事物都吓不倒他们，任何顾忌都阻挡不住他们前进的步伐，执行某个计划时从不犹豫。不要认为这些新人是一时的新产物,是孤立而短暂的,会随着时代的变迁转瞬即逝。从这以后,他们形成了一个种族,散布在地球的所有文明地区,代代相传。这个种族在各处都保留着同样的面貌,同样的激情,同样的性格。我们一出生就看到了他们,他们还在我们眼前。

第三章

为何法国人先要改革后要自由

一件事值得注意，这便是：在为大革命作准备的所有思想和所有感情中，严格意义上的公共自由之观念以及对公共自由的喜好是最后才出现的，就像它们曾经是最先消失的那样。

人们很早就开始摇动政府这座古老的大厦，它已经在摇晃，但还没有涉及自由的问题。伏尔泰几乎不去想它，在英国的三年生活让他看到了自由却没能使他爱上自由。英国自由传播的怀疑论哲学令他欣喜，其政治法律却很难打动他，他发现英国的政治法律缺点比优点多。他关于英国的信札已成为杰作，而议会是他在其中谈得最少的。其实他特别羡慕英国人的文学自由，而不怎么关心他们的政治自由，好像没有政治自由，文学自由也可以永存似的。

18世纪中期左右出现了一些作家，专门论述有关治国的种种问题，因许多原则相似而获得共同称号——政治经济学家或重农主义者。在历史上，政治经济学家没有哲学家那么辉煌，对大革命之来临所做的贡献可能少于哲学家。而我认为我们只有阅读他们的著作才能最深入地研究大革命的真正本质。哲学家在治国问题上几乎没有摆脱那些非常普遍且非常抽象的思想，政治经济学家虽然离不开理论，但更接近事实。一些人讲述可以想象的事，另一些人则有时指出需要做的事。大革命要彻底废除的所有制度都成为他们攻击的特定目标，没有一种制度能博得他们的好感。而所有那些可以被视为大革命成果的制度，都是由他们事先发起并积极倡导的。几乎每种制度都可在他们的著作中找到雏形，从中可以发现所有有关大革命的更为重要的东西。

此外，从他们的著作已经能看出我们十分熟悉的这种民主的革命性格。他们不仅憎恨某些特权，而且对各种各样的特权深恶痛绝，他们崇尚平等，即使是受奴役也要平等。有碍他们实施其计划的东西都必须破除。契约很难引起他们的尊重，他们不看重私人权利，或者更确切地说，在他们看来早就不该有私人权利，只有一种公益事业。不过，一般情况下，他们都是一些性格温和、安详的人，有德行的人，诚实的法官，精明能干的行政官。但是，他们之所以投身这项事业，是因为他们在这方面有特殊天赋。

对政治经济学家来说，旧的东西不屑一顾。"数世纪以来国家一直受着某些错误原则的统治，所做的一切似乎都是偶然的。"勒特罗纳说。他们从这一观念出发开始工作，法国历史上所有似乎已固定的古老制度只要有一点令他们不满，有损其计划的均衡，都成为他们要求废除的对象。有个政治经济学家还建议废除所有旧的领土划分，改变所有省份的名称，这个建议在四十年后被制宪议会采纳并付诸实施。

大革命进行的所有社会和行政改革，其思想都发端于这些政治经济学家，比种种自由制度之观念在他们头脑中出现的时间还要早。他们积极倡导食品自由贸易以及工业和商业的自由放任，至于严格意义上的政治自由，他们并不关心，甚至当政治自由偶尔在他们的想象中出现时，他们的第一反应也是加以排斥。大多数人一开始就对评议会、地方附属权力以及不同时代在所有自由民族中建立的旨在均衡中央权利的所有平衡力量持敌对态度。魁奈[1]说："在政府中设

1　魁奈（1694—1774）：古典政治经济学奠基人之一，法国重农学派创始人和重要代表。

立平衡力量制度是一个有害的想法。”魁奈的一位友人也说：“人们设想平衡力量制度所依据的那些哲学思辨都是虚幻的。”

他们为反对滥用权力而发明的唯一保障机构就是公共教育，因为就像魁奈说的那样，“国民受到启蒙，专制制度就不可能产生”。他的另一位弟子也说：“滥用权力导致的恶果令人震惊，人们于是发明了无数毫无用处的方法，却忽视了唯一真正有效的途径，这便是把司法本质和自然秩序放进普遍而持续的公共教育中。”他们试图借助这文学性的混乱难懂的话取代所有政治保障。

农村一片荒凉，既没有道路也没有工业，农民愚昧无知，而政府不管不问，勒特罗纳对此深感悲痛，但他并不认为让农民自己处理农村事务效果会更好。

至于杜尔哥，这个以伟大的心灵和卓越的天资而与众不同的人，并不比别人更喜爱政治自由，或者至少他对政治自由的兴趣是在公众情绪的感召下才产生的。对他而言，如同对大多数政治经济学家那样，政治的首要保障应当是国家根据某些手段并以某种精神为原则所实施的某种公共教育。杜尔哥对这种精神疗法，或者就像他同时代的一个人所说的，对某种符合原则的教育机制充满信心。他在一份报告中向国王提交了一份相关计划，其中写道：“陛下，我敢向您保证，再过十年，您的国家将焕然一新，它将因知识、高尚的风俗以及为您和祖国效劳的富于智慧的热情而远胜所有其他民族。此刻十岁的孩子们那时将成为国家的有用之才，他们热爱祖国，不是因恐惧而是出于理性服从统治，乐于帮助同胞，习惯性地承认并尊重司法权。”

法国的政治自由遭到摧毁已经太久，政治自由的条件和效果如何，人们几乎再也记不起。再说，遗留下的那些不成形的残迹以及似乎是用来代替政治自由的那些制度，都使政治自由变得令人怀疑并经常导致人们对它的偏见。那时还有三级会议，但大部分形式陈旧，还保留着中世纪的精神，不是有助于而是阻碍着社会的进步。最高法院是唯一负责替代各种政治团体的机构，不但无法阻止政府作恶，还常常妨碍政府行善。

借助这些旧的手段来实现他们设想的大革命，此想法在政治经济学家看来是不可行的。让已经成为革命主人的国民来实施他们的种种计划，此想法连他们自己都不能满意，因为很难让全体人民接纳并追随一个如此庞大、各部分关系如此紧密的改革体系。他们觉得利用国王政府来实施其计划更容易、更合适。

这个新政权不是出自中世纪的制度，不带有中世纪制度的痕迹。尽管它存在着种种错误，政治经济学家却在其中发现了某些好的倾向。和他们一样，新政权也出于天性对地位的平等和法规的统一表示赞赏，也对所有出自封建制度或趋向贵族制度的旧政权深恶痛绝。像这样机制良好、强大有力的政府机器，在欧洲其他地方是找不到的。对政治经济学家来说，在法国遇到这样的政府是一个难得的好时机，如果那时也像今天这样时兴让上帝干预一切的话，他们一定会说这是天意。勒特罗纳说："法国的形势比英国不知要好多少，在法国，瞬间就可以完成改变整个国家状况的改革，而在英国这样的改革总会受到党派的阻碍。"

因此，关键不在于消灭这个专制政权，而是要使之发生彻底改变。"国家应当按照基本秩序的种种法则进行统治，"梅西埃·德·拉·里维埃说，"如果是这样的话，它应该拥有无限权力。"还有人说："国家必须认清自己的职责，这种情况下可以让它有充分的自由。"从魁奈到博多修道院院长，你会发现他们都是一类人。

这些政治经济学家不仅依仗王室政府对那时代的社会进行改革，还在某种程度上向王室政府借鉴了他们要建立的关于未来政府的观念。正是在审视那个时代的政府的同时，他们的脑海里形成了未来政府的另一番景象。

国家的职责，根据政治经济学家的观点，不只是统帅国民，还应当以某种方式提高国民的素养。它必须依照某个事先为自己树立的楷模培育公民精神。国家有义务向公民的头脑灌输某些思想，使公民的心里充满某些在它看来是必不可少的情感。其实，国家有哪些权利，能做些什么，这都是没有界限和限制的。它不只是使人趋向完善，还能使之得到改变。创造新人类，这个任务也许非国家莫属！"国家需要什么样的人就可以造就出什么样的人。"博多说。这句话可以概括他们的全部理论。

政治经济学家所设想的那个强大的社会权力不只是比他们眼前所见到的任何政权都更大，其起源和性质与后者还不尽相同。它不直接源自上帝，不属于传统的一部分。它是不具人格的，它的名称不再是国王，而是国家。它不是一个家族的遗产，它是众人的产物和代表，因而必须使每个人的权利服从众人的意志。

所谓的民主专制制度是一种特殊的专制形式，中世纪的人对此不曾有任何概念，到了政治经济学家这里已经习以为常。社会不再按等级划分，不再有阶级的标记，不再有固定不变的地位。人民皆由差不多相似且完全平等的个体组成，这个混杂的人群被认为是唯一合法的主宰，却被剥夺了所有能使他们领导甚至监督其政府的权利。他们之上是一个不可取代的代理人，此人能以人民的名义做任何事情，无须征得其同意。监督他的是一个无形的公众理性，对他做出裁决的是革命而不是法律。他在法律上是一个从属的代理人，实际上却是个主宰。

当政治经济学家在身边找不到任何在他们看来与这一理想相符的东西时，他们就到遥远的亚洲去寻找。我可以毫不夸张地肯定，没有一个政治经济学家在其著作的某一个部分不对中国恣意赞扬。读他们的书必定会在其中看到这点。由于那时人们对中国的了解还很不够，我们从他们那儿读到的都是无稽之谈。一小撮欧洲人任意摆布的那个愚蠢而野蛮的政府在他们看来是最完美的典范，可供全世界所有国家仿效。他们眼里的中国政府如同后来法国人心目中的英国和美国。中国的君主暴虐却不带任何偏见，为了表示对有用的技艺的尊重每年都要亲自耕地，这里，所有官职均须通过科举考试才能获得，把哲学奉为其宗教，把文人立为贵族阶级，看到这些，他们深为感动，心醉神迷。

有人认为我们今天所指称的打着社会主义旗号的那些破坏性理论是新近产生的，这是一个错误，因为这些理论与早期政治经济学家属于同一时代。当政治经济学家利用他们想象中的无限强大的政府来改变社会形态时，其他人则在想象中夺取同一政权，摧毁其根基。

如果你读摩莱里[1]的《自然法典》，你就会在政治经济学家有关国家至高无上的权力和无限权利的全部学说中看到近年来最令法国震惊、我们以为看见它们诞生的好些政治理论——财产公有制，劳动权利，绝对平等，事物的单调一致，个体行动的机械划一，法规的严酷和公民个性完全消解于社会集体。

《自然法典》的第一条写道："社会中的任何东西都不特别地或作为财产属于个人。"法典第二条写道："所有制是可恶的，企图恢复所有制的人都是疯子和人类的敌人，都将被判处终身监禁。国家须向每个公民提供基本生活保障，供养他们，照顾他们。所有产品将被聚集在公共商场里，供全体公民享用，为他们的生活所需服务。所有城市均按同一样图规划，所有供个人使用的建筑物外观都一样。所有孩子从五岁起便离开家庭过集体生活，由国家出钱按一种方式抚养。"你会以为这本书写于昨天，而它已有一百年历史了。它是在1755年即魁奈创立其学派的那个时代出版的。行政集权和社会主义确实产自于同一土壤，二者的关系如同种植的果实与野生树苗的

1　摩莱里（约1700—1780）：18世纪法国空想社会主义者。一生写了许多著作，但都用不同的笔名发表。"摩莱里"是他的笔名，真实名字不详。

关系。

在他们那时代的所有人当中，唯有政治经济学家与我们的时代最贴近。他们义无反顾地热爱平等，对自由却无明显的兴趣，跟我们仿佛是同一时代的人。每当我读大革命始作俑者的那些演讲和著作时，我感到自己一下子被带到一个陌生之地和一个未知的社会里。而当我读政治经济学家的著作时，我感到自己跟这些人在一起生活过，刚才还和他们高谈阔论来着。

1750年的时候，全体法国人对政治自由的要求不及政治经济学家那样迫切。他们对政治自由已失去兴趣，由于不再使用政治自由，此观念甚至也消失了。他们期待改革，而不是获得一些权利。如果那时在位的是个如腓特烈大帝那般有魄力有抱负的君主，我敢肯定他会在社会和政府中实施好些大革命未能完成的最重大的改革，他不但不会丢掉王位，还会大大增强其权威。有人断定路易十五最得力的大臣之一德·马肖尔曾预见这一思想并向国王指出这一点，但是此类事情是不能被建议的：你自己没有想法是完成不了这些事情的。

二十年后，情况发生了变化，政治自由之景象在法国人的脑海里呈现且一天比一天更加吸引法国人。从很多迹象可以看出这点。外省开始流露出恢复自治的愿望。全体人民有权参政这一观念深入民众的思想，成为主流。对旧的三级会议的记忆又复苏了。憎恶自己的历史的法国人只喜欢回顾这段历史。新思潮也吸引了政治经济学家，迫使他们在其中央集权论的体制中塞进几个自由机构。

1771年，高等法院被撤销，常忍受高等法院偏见之苦的法国民众看到它垮台，情绪十分激动。好像高等法院倒了，尚能制约国王专制的最后一道障碍也会随之倒下。

民众的这一敌对情绪让伏尔泰感到吃惊且愤怒。“几乎整个国家都陷入沸腾和惊愕之中，”他给朋友写信说，“无论是外省还是巴黎，民众情绪激昂。可我觉得政府法令充满了有益的改革。废除买卖官职，免费打官司，阻止申诉者倾家荡产从最边远地区来巴黎上诉，国王承担领主法庭的费用，这难道不是为民造福吗？再说，那些高等法院经常不都是些迫害狂和野蛮人吗？野蛮人也同这些蛮横无理、难管教的有产者搞到一起，对此我确实感到惊讶。至于我，我认为国王是对的，再说，既然是为人效劳，我觉得与其在两百个跟我一样的无名小辈门下干活，不如为一个出身名门望族、生来比我强壮得多的狮子作仆人。”他还辩解说：“你们要想到，我对国王免除所有领主司法费用的做法无比欣赏。”

阔别巴黎已久的伏尔泰以为公众精神还停留在他离开时的样子。不是这么回事。法国人不再只是希望他们的事务做得更好，他们开始想亲自处理自己的事务。显然，已做好全面准备的那场伟大的革命即将发生，不仅得到人们的拥护，还由人民亲自发动。

我认为从这一刻起，这场彻底的革命——当使旧制度包含的更坏的东西和更好的东西统统灭亡——已不可避免。还没有做好充分的行动准备的人民要实现全面改革而同时又不摧毁一切，这是不可能的。暴虐的君主倒是可以成为危害较小的改革家。对我来说，当我注意到这场革命在摧毁众多与自由相矛盾的制度、观念、习俗的同时，却也废除了自由几乎不可或缺的许多其他东西时，我始终认为，如果革命由一个专制君主来完成，而不是以人民主权之名并由人民亲自发动，我们或许更有可能成为一个自由的国家。

要想理解法国大革命的历史，有必要回顾一下前面的内容。

当法国人对政治自由的爱重新被唤起时，他们已经设想出了不少有关政府的观念，这些观念不仅与自由制度的存在不太相符，而且几乎是势不两立的。

他们把一个民族作为某个社会的典范（除了公务员，没有其他贵族阶级），一个拥有无限权力的唯一政府领导着国家，保护个体。

他们想成为自由人,便不愿抛开这个基本观念,只是试图将此观念与自由观念保持一致。

于是,他们试图将一个无界限的行政集权和一个有裁决权的立法团体混合在一起:官僚行政管理和选民政府。作为整体的国民拥有主权的所有权利,作为个体的每个公民则被限于最狭隘的附属地位中:对国民,人们要求其具有自由民的经验和美德,对每个公民则要求他具有忠诚的仆役之品质。

将政治自由引入与其不相干的或对其有害的某些制度和观念中,而我们对这些制度和观念已经习惯或事先就已培养了兴趣。此愿望六十年来引发了无数次创建自由政府的徒劳尝试,随后导致的是灾难性的革命,以致许多法国人被一次次的尝试弄得疲惫不堪,对一项如此艰苦而无结果的劳动感到灰心丧气,最终放弃了他们的第二个目标而返回第一个目标,认为在一个主人的统治下平等地生活,不管怎么说,还有一定的幸福。这就是为什么我们今天更像1750年的政治经济学家,而不像1789年我们的祖先。

对政治自由的爱曾在各个时代激励人们去实现人类未竟的伟大事业,此激情源自何处,植根于哪些情感并从中汲取营养?我常常反问自己这些问题。

我知道当人民没有好的管理者时,自然而然就萌发自治的愿望。但这种对自由的爱只是根源于专制制度所引发的某些特殊而短暂的弊端,向来不会持久,必将与引发对自由的爱的偶然事件一起消失。人们好像是热爱自由,其实往往只是憎恨主人。为自由而生的民族所憎恨的,正是依赖的痛苦。

我也不相信对自由真正的爱源于人们仅仅看到自由带来的物质利益,因为这种观照常常出乎意料地模糊。久而久之,自由总是给那些善于留住自由的人带来富裕、福利,并常常带来财富。但有些时候,自由会暂时搅乱这类福利的使用权,别的时候,唯有专制制度能让人享受短暂的自由。只欣赏自由这些好处的人从未将自由长久保持。

古往今来使某些人如痴如醉地眷恋自由的，是自由的诱惑力，自由本身的魅力，与自由的利益没有关联。这就是在上帝和法则的唯一统治下，能无拘无束地说话、行动、呼吸的快乐。谁在自由中寻求自由本身以外的其他东西就该受奴役。

某些民族冒着各种危险、经受种种苦难顽强地追求自由。他们爱的不是自由给予他们的物质利益，他们视自由为一种极其珍贵、不可或缺的财富，以至于任何其他东西都不能安抚他们失去自由的痛苦，而一旦获得自由，他们就不再为任何事痛苦。另一些民族在幸福时刻对自由感到厌烦，他们乖乖地任人从他们手中夺走自由，生怕稍有反抗就会损害自由给予他们的这种福利。这些民族要想永远成为自由的人还缺少什么呢？那就是对自由的爱。别让我分析这种崇高的爱，必须去感受它。它自动进入上帝为接受这爱而孕育的伟大心灵，填满这些心灵，使它们充满激情。对于那些从未感受过这种爱的平庸的心灵，则无须让他们理解。

第四章

路易十六执政期是旧君主政体最繁荣时期，为何此繁荣却加速了大革命的到来

毋庸置疑，路易十四还在全欧洲称王称霸的时候，他的王国已开始衰败。路易十四统治最辉煌时期已可见到最初的衰败征象。法国在停止征服欧洲之前已是一片荒芜。谁没读过沃邦[1]留给我们的那篇令人惊恐的行政统计论文？17世纪末，甚至在不幸的西班牙王位继承战开始以前，总督们在给勃艮第公爵的报告中就已暗示了法国越来越严重的衰落景象，而且并没有作为一个非常新近的现象论及。其中一位总督说道："本财政区人口急剧下降已连续好些年了。"另一位说："我所在的这座城市昔日富饶繁华，如今已没有任何工业。"这位说："本省过去曾有一些手工工场，而如今已废弃。"那位说："这里的居民过去从土地获得的收益比今天多得多，二十年前这里的农业是一派繁荣兴旺的景象。"奥尔良的一位总督还说："近三十年来，人口和产量减少了五分之一。"应当建议那些赞赏专制政府的人和喜爱战争的君王们读读这些报告。

因这些衰败主要源于体制的弊病，因而路易十四的逝世甚至和平（停战）都未使公共繁荣复现。18世纪上半叶那些论述政府或社会经济的作家都认为外省并未恢复生气。很多人甚至认为外省继续

1　沃邦（1633—1707）：法国元帅、著名军事工程师。

在衰败。他们说只有巴黎在变富，在壮大。一些总督、前大臣、商人在这一点上与文人的观点一致。

对我来说，我承认自己并不认为18世纪上半叶法国继续在衰败，但是一种普遍的观点（此观点得到一些熟悉情况的人的赞同）至少证明那时没有什么明显的进步。我眼前的所有与这个历史时期相关的政府文献都表明，社会确实处于一种沉睡状态。政府几乎只是按老一套行事，毫无创新之处，城市几乎未作任何努力以使居民的生活条件变得更舒适、更健康，个人甚至不致力于任何重要的事情。

大革命爆发前三四十年，情况开始发生变化。人们似乎在社会机构的各个部分都能窥见之前未曾注意到的某种内在的震颤，只有认真察看才能马上发现这点。但渐渐地，它变得更加突出也更加明显。每年，这个运动都在扩大并加快速度：最后，整个国家都动了，好像复活了。注意！这不是国家旧生命的复苏，推动这巨大躯体的是一种新精神，而躯体的片刻复苏仅仅是为了解体。

每个人都在自己的处境中感到焦虑，坐立不安，并努力改变现状，因为对更好事物的追求是人类共同的愿望，不过，这是一种难以忍受而悲伤的追求，让人诅咒过去，想象一种与眼下状况完全相反的事态。

很快，这种精神就深入政府内部，在其内部进行改造，外部却毫无变化。人们不改变法律，但执法的方式完全不一样。

我曾在别的章节说过，总监察长和总督在1740年和1780年是完全不一样的。政府信函可以详尽地证明这一点。1780年的总督与前任总督有同样的权力，同样的官员，同样的专横，但各自的目标不同：前者几乎只忙于让自己管辖的省份顺从，在那里征募民兵，尤其是征收军役税，后者要操心的事很多：他的头脑里装满了旨在增加公共财富的计划。道路、运河、制造业、商业是他考虑的主要目标，农业尤其引起他的关注。絮里[1]于是成为行政官员中红极一时的人。

他们就是在这个时期开始组建我已谈到的农业协会，设立赛事，颁发奖金。总监察长的有些通报不像公务信函，而像农艺论文。

人们主要是在征收所有捐税的时候能充分了解统治者精神的变化。立法还跟过去一样不平等、专横而严厉，但是立法的所有弊端在执法时都减弱了。

“当我开始研究税法的时候，”莫里安先生在其《回忆录》中说，“我被自己看到的惊呆了：特别法庭有权对漏税处以罚金、监禁、体罚，包税官以他们的誓词控制着几乎所有财产和人身，等等。幸好我没有只读这部法典，我很快就有理由确定，法律文本和执法之间存在的差异如同老金融家和新金融家品行上的差异。法学家总是倾向于缓解罪行，减轻处罚。”

“征收捐税会引来多少流弊和烦恼啊！”下诺曼底省议会在1787年说，“不过，我们应当公正看待几年来所使用的温和语气和审慎的措辞。”

对文献的研读充分证实了这个论点。对自由和人的生命的尊重经常能看到。人们在其中尤其能见到对穷人的苦难的真正关心，而在这之前是找不到的。税务机关对贫苦人施暴的现象很少发生，免除捐税倒是更加频繁，救济也更多。国王还提高了那些用于在农村创办慈善作坊或接济贫民的各类基金，他还经常设立一些新的基金。我看到1779年仅在上基耶内财政区，国家以这种方式就发放了八万多里弗。1784年在图尔财政区发放了四万里弗，1787年在诺曼底财政区发放了四万八千里弗。路易十六不愿将这部分管理交给自己的大臣，有时便亲自处理。1776年，国王的猎物毁坏了王室狩猎总管区四周的农田，枢密院的一项判决确定应该付给农民的赔偿金，并指

1 絮里（1560—1641）：法国政治家，在军事、财政、农业方面皆有建树，为亨利四世得力辅臣。

出支付赔偿金的一些简单而可靠的方法，其中的各项赔款理由就是国王亲自撰写的。杜尔哥跟我们讲，这位善良而不幸的国王把亲手写的这些文字交给他时说："你看我这边也在做工作呢。"如果我们对旧制度存在的晚期作一番描述，那将是一幅很美但与实际情况不太相符的画像。

由于被统治者与统治者精神的变化，公共繁荣便以一种空前的速度得到发展。所有迹象都显示了这点：人口增加，财富增长得更快。北美战争没有使这发展速度减慢。国家因战争负债累累，但是个人继续越来越富。他们变得更勤奋，更敢作敢为，更有创造性。

"1774年以来，"那时的一位行政官员说，"各类工业得到发展，同时扩大了每项消费税的内容。"其实，如果我们将路易十六统治的不同时期国家与负责征税的金融公司之间签订的合同进行比较，我们就会发现，每次续订合同，地租价格都在迅猛增长。1786年的租约比1780年的高出一千四百万里弗。"我们可以算定，所有消费税的收益每年可增加两百万。"内克在1781年的报告中写道。

阿瑟·扬确定1788年波尔多的贸易比利物浦频繁，他又补充道："最近几年里，法国的海上贸易甚至比英国发展得还快，法国的海上贸易二十年来增长了一倍。"

如果对时代的差异稍加注意，我们就会确信公共繁荣在大革命前二十年发展迅速，是大革命后的任何一个时期都无法企及的[1]。君主立宪制的三十七年对我们来说是和平和迅速发展的时期，只有这

---

1 18世纪末法国出现的这种进步精神同时也出现在整个德国，并且在各处也都伴随着改革旧制度的愿望。下面是一位德国历史学家对当时的德国状况的描述：

"18世纪下半叶，"他说，"新的时代精神渐渐渗透到教会领地。教会也着手改革。工业和宽容深入各处，大国已经实行的开明专制在这里也已出现。可以这么说，18世纪的任何时期都没有像在法国大革命前最后那几十年那样，这些教会领地出现了如此引人注目、如此值得尊敬的封君。"

应当注意到这幅情景与那时的法国多么相像：致力于改良和进步的运动在同一时期出现，最有资格进行统治的人在法国大革命即将吞噬一切的时刻现身了。

还应当承认，这部分德国显然已卷入法国的文明与政治运动。——原注

段时期在这方面能与路易十六统治期比个高低。

面对已经出现的如此巨大、如此兴旺的繁荣景象，如果我们想到政府还有的所有那些弊病，想到工业还在遇到的所有那些困难，不免感到惊奇。许多政治家甚至可能否认这个事实，因为他们对此无法解释，只能像莫里哀剧中的医生那样认为病人不遵医嘱就不可能痊愈。法国存在着如此多的弊病，如赋税不均等、习俗各异、国内关税、封建权利、行会管事职位或任期、官爵等，却还能繁荣并越来越富饶，如何让人相信？尽管如此，法国还是富裕起来并从各方面开始发展，因为在这些构造不合理、啮合性差、似乎只是减缓而不是推动社会机器运转速度的齿轮之外，还有两种看不见的极其简单且极其强大的动力，足以使一切步调一致朝着公共繁荣的目标前进。这两种动力便是：一个不再实行专制却依然非常强大、处处秩序井然的政府，一个从它的上层阶级看已是欧洲大陆最开明、最自由的国家，生活于其中的每个人都可以按自己的方式致富并且可以使自己的财富不受他人侵犯。

国王继续以主子的身份讲话，但实际上他也服从某种公众舆论，每天都受其启发或引诱，不断听取它的意见，对它既敬畏又讨好。从法律文书上说，国王是专制的，但在执法时国王的权力是受限制的。1784年起，内克就在一份公文中将下列话作为一个无可争议的事实指出："大多数外国人很难对公众舆论在今日法国具有的威力有概念：他们很难理解这股甚至在国王的宫殿里起统帅作用的无形力量是什么。然而，事实就是这样。"

把一个民族的伟大和强盛只归因于其法律机制，没有比这更肤浅的了，因为在这方面起决定作用的是发动机的力量，不是机制的完善。请看英国吧，其行政法至今看上去比我们的还复杂、多变[1]，且更

---

1 尽管各国政体的附属机构都存在着不完善，只要这些政体的总原则是丰富的，并受到某种精神的激励而富有生气，各国都有这种繁荣的能力。这种现象在我们研究上世纪英国司法体制的过程中看得最清楚，就像布莱克斯通向我们证明的那样。（转下页）

（接上页）在英国首先能看到两个重要的令人震惊的多样性：1. 法律的多样性；2. 法庭的多样性。

1. 法律的多样性。

（1）英格兰本土，苏格兰和爱尔兰，大不列颠各欧洲附属地如马恩岛、诺曼底群岛等，以及各殖民地，这些地方的法律都各不相同。

（2）英格兰本土有四种法律：习惯法、成文法、罗马法、衡平法。习惯法分为一般习惯法和特殊习惯法，前者在全王国通用，后者应用于某些领地和城市，有时仅限于某些阶级，如商人习惯法。这些习惯法有时完全互不相同，如那些与英国法律的普遍倾向背道而驰的习惯法规定遗产须由所有子女平均分享，更让人难以理解的是，长子继承权只给最年幼的子女。

2. 法庭的多样性。据布莱克斯通说，英国法律设置了大量不同的法庭，具有不可思议的多样性。以下试简要分析。

（1）首先看到的是建立在英格兰本土以外的法庭，如苏格兰和爱尔兰法庭，它们并不总是隶属于英国最高法庭，尽管我想它们最后都必须通向贵族法庭。

（2）至于英格兰本土，如果我没漏掉什么的话，布莱克斯通的分类中有：

1）十一种根据普通法而现行的法庭，其中四种好像真的已经被废除了；

2）三种裁判管辖区扩及全国但只用于某些方面的法庭；

3）十种具有特殊性的法庭。其中的一个法庭由地方法庭组成，地方法庭根据最高法院的不同法令创设，或根据传统而现行，或在伦敦，或在省城或市镇。这类法庭数不胜数，无论是结构还是规章都呈现出多样性，作者没有详细描述。

因此，按照布莱克斯通的解释，仅在英格兰本土，在他写作的那个时代即18世纪下半叶，就有二十四种法庭，其中好几个又分为诸多形象各异的法庭。撇开从那时起似乎差不多都已消失的法庭，还剩下十八或二十种。

现在，如果我们仔细查看这个司法制度，很容易看到它有各种不完善之处。

法庭虽多，但往往缺乏离诉讼人近、花费少并能就地审判小案件的初审小法庭，这就使得诉讼不方便并且昂贵。同样的案件由好几个法庭管辖，这就使得诉讼一开始就不明确。几乎所有上诉法庭在某些情况下都要进行初审，有时候是普通法法庭，另一些时候是衡平法法庭。上诉法庭各不相同。唯一的中心点是贵族上议院。行政诉讼与普通诉讼并不分开，我们的大多数法学家则认为这是一大缺陷。最后，所有这些法庭都要根据四个不同的立法做出裁决，其中一个立法只是由先例确立，另一个即衡平法依据不明确，因为其目的往往是反对习惯法或成文法，并由法官任意修改成文法或习惯法中已经过时或过于严厉的条文。

这些是弊端，如果我们将英国司法这个巨大而古老的机器同法国司法制度的现代化工厂做一比较，将法国司法制度的简单、严密、连贯性与英国司法的复杂、结构松散进行对比，英国司法的弊端似乎更为突出。然而，自布莱克斯通那个时代以来，世界上还没有一个国家像英国那样彻底实现了司法的伟大目的，也就是说，在英国，任何一个人，无论其社会地位如何，他起诉的是个人还是国王，都更有可能使别人听到他的控诉，并在他国家的所有法庭上找到维护其财产、自由和生命的最大保障。

这并不意味着英国司法制度的种种弊端都有益于我所说的司法的伟大目的，这只是证明，一切司法组织都有次要的弊端，对司法的伟大目的只造成轻微的危害。而其他的主要弊端，尽管有许多次要的完善之处，却不仅危害司法这一目的，还会将它毁灭。次要弊端最容易被发觉，它们最先震动的是普通老百姓。它们如人们所说就在眼前。其他的主要弊端常常更隐秘，发现或指出这些弊端的并不总是法学家或其他法律人士。

（转下页）

不规则！然而，欧洲哪个国家能像英国那样，公共财富更多，私有制范围更广、更可靠且更多样化，社会更稳固并更富裕？原因不在于这方面部分法律的完善，而在于推动全部英国立法的那种精神。某些器官不完善无关紧要，因为生命力是强大的。

在法国，随着我所描述的那番繁荣景象在各处呈现，人们的思想却显得更不稳定，更忧虑。公众不满在加剧，对一切旧制度的仇恨在增长。显然，国家正在走向一场革命。

此外，当是这场大革命主要发源地的法国某些省份却是社会进步最明显的地方。研究法兰西岛旧财政区仅有的那些档案，不难看出对旧制度实行改革最早、最彻底的地方正是毗邻巴黎的那些地区。那里，农民的自由和财产比在任何其他财政区都受到更好的保护。个人徭役在1789年以前很久就消失了。军役税的征收比在法国其他地方更正规、更缓和、更平等。要了解一个总督为提高全省的福利或减少全省的贫困都做了些什么，一定要读1772年修订的捐税条例。在此条例中，捐税已呈现另一番景象。每年都有一些政府专员深入各教区，全教区的人聚集在他们面前，当众确定财产价值，每

(接上页)此外请注意，同样的优点也可以是次要的或主要的，这要看时代和社会政治组织如何。在贵族制时代，即不平等时代，所有种种努力如试图在法庭面前减少某些人的特权，为归法院管辖的弱者反对归法院管辖的强者提供保障，使国家行为居统治地位——这自然都是公允的，尤其当只涉及两个臣民之间的诉讼时——都成为主要优点。但是，随着社会状况和政治体制转向民主制，它们的重要性就变弱了。

如果根据这些原则研究英国的司法制度，我们就会发现，所有那些有可能使我们邻国的司法变得晦涩、不畅通、迟钝、昂贵和不便的缺陷依然存在，人们还是采取了数不胜数的防范措施，最终强者不能以损害弱者获益，国家不能以牺牲个人获益。随着我们深入研究英国立法的细节，我们看到英国司法制度为每个公民提供了各种各样的自卫武器，整个布局目的都是为了向每个人提供最大可能的保障，以反对不公正、法官的卖官鬻爵——这在民主时代更为普遍，尤其是更危险，因为它产生于法庭对公共权力的奴颜婢膝。

从所有各方面看，我觉得英国司法制度虽然存在许多次要的缺陷，还是比法国的司法制度合理。法国的司法制度几乎没染上英国司法制度的缺陷，却也没有英国司法制度的主要优点，它在公民的个人争辩中为每个人提供出色的保障，但在保障个人的利益不受到国家侵犯方面却做得很不够，在像法国这样的民主社会中，这是始终需要加强的。——原注

个人的财产经核对后确认，军役税最后是在所有应纳税者的协商下确定的。再也没有村民代表的专横，再也没有无益的暴力行为。无论征收捐税的制度怎么变，军役税固有的弊端还是存在的：只给一个纳税者阶级造成负担，并且只对工业和地产征收。但是在所有其他方面，军役税与邻近政区仍然带着同样名称的那些捐税完全不一样了。

旧制度保存得最好的地方是卢瓦河流域及河口处、普瓦图沼泽和布列塔尼荒原。内战战火正是在那里点燃并得到助长的，那里也是对大革命反抗最激烈、时间最久的地方。似乎法国人觉得他们的处境越好就越无法忍受。

这样的一种看法使人惊讶，但历史就充满着类似的景象。

人们投身于革命并非总是因为其处境越来越糟糕。最常见的情况是，一个民族曾经毫无怨言地忍受最残酷的法律，并不觉得痛苦，而当法律的压力减轻时他们却猛然将它们抛弃。革命摧毁的制度几乎总是比它之前的那个制度好，经验告诉我们，对于一个坏政府来说，最危险的时刻通常就是它开始改邪归正的时候。一位君主试图减轻在他统治下长期受压迫的臣民之痛苦，只有伟大的天才能够拯救这位君主。人们耐心地忍受苦难，认为这是命中注定的，而当有人想要摆脱苦难时，它就变得无法忍受了。已经消除的种种流弊似乎让人更加清楚地意识到还存在着其他流弊，感觉也更加强烈。恶少了，这是事实，但是对恶的感觉却更加鲜明。封建制度最强盛时期并不比封建制度行将灭亡时更激起法国人的憎恨。路易十六最小的专横举动似乎都比路易十四的全部暴行更难以忍受。博马舍的短期监禁在巴黎引起的骚动比路易十四时期龙骑兵对新教徒的迫害引发的骚动还大。

1780年，再也没有人认为法国处于衰落中，有人甚至说再也没有什么能阻碍法国的进步了。人可以不断而无限地完善之理论就是在这时诞生的。二十年以前，人们对未来不抱任何期望，现在则是对未来没有任何担心。想象力事先就被这即将来临、闻所未闻的幸福所占据，因而对眼前的财富视而不见，朝着新事物飞奔而去。

撇开这些普遍原因不谈，此现象还有其他更为特殊，但同样有说服力的原因。尽管那时的财政管理机构像其他部门一样臻于完善，却仍然保留着专制政府本身固有的弊端。由于它是秘密的且无政府担保，人们在此还遵循着路易十四和路易十五执政时的某些坏的惯例。政府为促进公共繁荣不懈奋斗，发放救济金和奖励，实施公共工程，这些每天都在增加开支，收入却没有按同样的比例增加，国王因此每天都陷入比前人更严重的财政危机。同他的前人一样，他也不断使他的债权人陷入痛苦之中。他还跟他们一样以各种名义借钱，既不公开也不顾债权人是否具有同等权利，债权人不能保证拿到定期利息，资本能否收回也总是要看国王是否有诚意。

对此，一位值得信任的证人（因为他是亲眼所见并且能比别人看得更清楚）曾说："那时，法国人与政府打交道只是碰运气，听天由命。他们把钱拿去买公债，却永远不知道什么时间能拿到利息。他们为政府造军舰，修路，提供士兵的衣物，却不敢保证一定能收回垫款，还本也没有期限，只能像进行冒险贷款那样估计与大臣签订的某项合同运气如何。"他颇有远见地说："那时，工业突飞猛进，使更多的人萌发对财产的热爱、对富裕的爱好和需求，在这种情况下，那些将部分财产投放给国家的人对合同法遭到侵犯一刻都不能忍受，因为违法者就是本应最尊重合同法的债务人。"

其实，这里所指责的法国行政机构的种种弊端并不新鲜，新鲜的是它们所产生的印象。财政制度的缺陷过去更为严重，但是政府和社会后来都发生了一些变化，使人们对这些问题比以前更敏感了。

政府近二十年来变得更加活跃，致力于过去不曾想到的各种事业，最终成为当时的王国里工业产品的最大消费者和最大的工程承包人。与政府有金钱关系、对公债感兴趣、靠政府薪金生活、在政府市场做投机买卖的人数量剧增。国家财产和私人财产从未如此频繁地混杂在一起。财政管理不善在很长一段时间里只是一个公共不幸，这时对无数家庭来说却成了一种私人灾难。1789年，国家欠债将近六亿里弗，债主几乎也都是债务人，这些人——正如那时的一位财政家所说——与所有那些深受政府财政管理不善之苦的人联合起来向政府发泄不满情绪。注意，随着不满的人越来越多，他们也变得更加激动，因为随着商业的发展，对投机的欲望、发财的热情以及对福利的爱好也深入更多人心里并越发变得强烈，三十年前对这类不幸或许能毫无怨言地忍受的人，现在似乎无法忍受了。

由此出现了食利者、商人、工业家及其他批发商或贪财者，这些人构成的阶级通常最仇视新政策、最拥护现存政府（无论此政府的性质如何）、最遵守法律（即便是受到他们蔑视或憎恶的法律），而这回，这个阶级在改革方面表现得最迫切且态度最坚决。它还特别呼吁在整个财政系统进行一场彻底的革命，却没有想到当政府的这个部门深受震撼时，其他所有部门也将彻底垮台。

如何才能避免一场灾难？一方是国民，此群体内部发财的欲望与日俱增，另一方是政府，它不断激励这股新热情并不断制造麻烦，点燃它又把它压下去，就这样从两方面加速自己的灭亡。

第五章

为何试图减轻人民的负担反而引发了人民的暴乱

由于一百四十年来老百姓从未登上公共事务的舞台，人们便理所当然地不再相信他们有朝一日还会重新出现在此舞台上。当人们看见他们如此无动于衷，便以为他们都是聋子，以致当人们开始关心老百姓的命运时，竟然当着他们的面大谈特谈，就像他们不在场似的。这些人似乎只愿自己的话被比其地位高的人听，他们唯一的担忧就是怕后者不能完全听懂。

那些应该是最怕惹老百姓生气的人当着后者的面谈论长期以来使老百姓深受其害的那些残酷而不公正的行为。他们一起揭露政府机构内部可怕的罪恶，因为政府机构对老百姓来说是最无法忍受的。他们用夸张的语言描绘老百姓的悲惨境地及其报酬低廉的劳动：他们就这样竭尽全力减轻老百姓的负担，却让老百姓悲愤不已。我这里所说的“人们”并不是作家，而是政府，政府主要官员，享有特权的那些人。

国王在大革命之前十三年曾打算废除劳役制，他在其敕令的前言里说：“除少数省（三级会议省）外，王国内几乎所有道路都是由我们臣民中最贫穷的那部分人无偿修建的。修建道路的所有负担因而全部落在那些只有一双手且与道路几乎毫无直接利害关系的人头上。真正有利害关系的人都是有产者，这些人几乎都享有特权，其财富也因道路的修建而增长。强迫穷人独自承担养路的重任，使他们不计任何报酬地献出他们的时间和劳动，其实也就剥夺了他们摆脱贫穷和饥饿的唯一办法，目的是要他们为富人的利益而劳动。”

当人们试图同时消除工业行会制度给工人制造的种种障碍时，它便以国王的名义宣称：“劳动权是所有一切所有权当中最神圣的，任何损害劳动权的法律都是违反自然权利的，都应当视作无效法律。此外，现存的所有同业行会都是些反常的施行暴政的机构，是自私、贪婪和暴行的产物。”这样的话是危险的。更危险的是说的都是空话。没过几个月，政府又恢复了同业行会和劳役制。

据说，借用国王之口说出这种话的是杜尔哥。杜尔哥之后的大部分继任者也都如法炮制。1780年，国王向臣民宣布即日起增设军役税须公开登记，他还不忘以批注的形式补充道：“军役税缴纳者已经被征收该税的种种欺压行为折磨得苦不堪言，如今又要承受意外的增税，结果使得我们臣民中最贫穷的那部分人税赋增长的比例比其他所有人要高出许多。”尽管国王还不敢使所有捐税均等，但他至少打算对那些已经是共同的捐税实行均等征税，他说：“朕希望富人不要觉得自己的利益受到损害，他们虽被纳入捐税的统一标准，其实只是缴纳他们一直以来本该更加平等地分担的那份税额。”

不过，尤其在饥荒时期，政府所做的一切似乎都是为了燃起民众的激情，而不是解决他们的生活急需。为了引导富人行善，一位总督谈到：“那些拥有财产的人既不公正又冷漠无情，他们从穷人的劳动中获益而拥有一切，可是，当穷人为他们的财产创造价值而耗尽体力的时候，他们却不管不问，看着他们饿死。”而国王也曾在某个类似的情况下说：“朕决不允许富人为非作歹，使人民缺吃少穿，强迫他们劳动却只随意给些报酬。朕不容许一部分人只为了满足另一部分的贪婪而劳动。”

直到君主政体末期，不同政权之间的斗争曾引起各种各样诸如此类的声音，争论双方都一心把人民的苦难归罪于对方。这尤其在

1772年图卢兹高等法院与国王之间因粮食流通发生的那场争论中看得清楚。“政府很可能因其错误举措而使穷人饿死。”图卢兹高等法院说。国王则反驳道：“高等法院的野心和富人的贪婪是民众陷于困境的原因所在。”双方就这样向民众灌输一种思想，即他们永远只该将其不幸怪罪于他们的上层阶级。

秘密信函中没有发现这些事情，但公共文献中有提到，政府和高等法院专门派人将这些文献印刷数千册并亲自发送。国王这么做便是向他的先任和他自己讲述某些极其严酷的事实真相。“国库已因好几任统治者的大肆挥霍而负担过重。我们有许多不得转让的领地都以极便宜的价格转让了。”据说国王还有一次出于理性而不是出于谨慎说道：“同业行会尤其是历代国王税收贪婪的产物。”他接着指出：“之所以经常出现无用的开支且军役税无节制地增长，原因在于财政部门觉得军役税因其秘密性最容易操作，于是就求助于此方法，而从不考虑有些对我们人民来说负担更轻的其他方法。”

所有这些话都是讲给国民中有知识的那部分人听的，让他们相信某些措施虽然受到某些个人利益的指责，却是有用的。至于人民，显然他们是听不懂的。

应当承认，这些人的善意甚至包含着对他们真心诚意想解除其痛苦的那些不幸者的无比蔑视，这使人想起夏特莱夫人[1]的感觉：我们从伏尔泰的秘书那里得知，夏特莱夫人总是从容地当着仆人的面脱衣服，因为她并不认为仆人也是人。

千万不要认为我刚才复述的危言耸听的语言只是出自路易十六或者他的大臣之口，人民最痛恨的那些享有特权的人在人民面前也是这么说的。应当承认，当法国社会上层阶级开始关心穷人的命运时，穷人还没有令他们感到恐惧。他们关心穷人，那时他们还不相信

1 夏特莱夫人（1706—1749）：伏尔泰的情妇。

穷人的不幸最终会导致其消亡。这在1789年以前的十年尤其明显：人们常对农民表示同情，总是谈论农民，想方设法接济农民，揭露农民所遭受的主要的不公正，指责那些对农民造成特别危害的税收政策。可是，无论是在表达这种前所未闻的同情时，还是像以前那样长期对农民漠不关心，人们都显得很没有预见性。

如果你们看看1779年法国部分地区以及稍后整个王国召开的那些省议会的会议记录，研究一下这些议会给我们留下的其他公开文献，你们一定会被文献中的真情所打动，对文献所使用的特别大胆的言辞感到惊异。

“经常能看到，国王拨给修路的钱被用来为有钱人造福，对人民则无益，”1787年下诺曼底的省议会记录里写道，“这钱常用于使通向某个城堡的道路更舒适，而不是使进入某个城镇或村镇的道路更宽敞。”在这次议会上，贵族等级和教士等级描述了劳役的种种罪恶，并主动提出捐赠五万里弗用于修路，让下诺曼底省的所有道路畅通无阻，人民则不需要花一分钱。以一般捐税代替劳役制并缴纳自己应付的捐税，这对享有特权的人来说或许花费更少，但是，他们在主动放弃捐税不平等特惠的同时却希望保留这一特惠的形式。他们虽然放弃了其权利中有益的部分，却将令人憎恨的那部分珍藏了起来。

其他省的议会，其成员都是免缴军役税的地产主，这些人虽然极想保持自己的特权，却也用最悲观的笔调描绘军役税使人民遭受的种种不幸。他们把军役税的所有流弊汇集起来组成一幅恐怖的图，还命人无限制地加以印制。但奇怪的是，在这些不容置疑的关心民众的种种举动中，他们时常会加进一些公然蔑视的话语。人民已经得到他们的同情，却依然不断受到他们的蔑视。

上基耶内省议会为农民的案件进行激烈的辩护，但在谈到这些农民时却称他们既无知又粗野，是一些爱闹事的人，性格粗暴且难管教。就连为人民做了诸多好事的杜尔哥也持相同看法。

这种恶言冷语在一些向全国公示并让农民亲自阅读的法令里能见到。人们好像生活在诸如加里西亚这样的欧洲地区，那里的上层阶级讲的是另一种语言，下层阶级听不懂他们说的话。18世纪的封建法学家对交纳年贡者以及其他封建税债务人经常表现出某种温和、节制和公正的精神，这是他们的前人所没有的，但他们在某些场合仍然称农民是卑贱者。这些骂人话似乎由来已久，这是完全可能的。

随着1789年临近，对民众苦难的同情变得更加强烈且更大胆。我手中有一些文献，是1788年初好几个省议会向各个不同教区的居民发的通报，请他们将自己要申诉的一切理由详细告知。

其中有一份通报的署名人是一位神甫、一位大领主、三位贵族和一位有产者，这几个人都是议会成员并以议会的名义行事。该评议会命令各教区代表把所有农民聚集在一起，请他们就所要缴纳的各种不同捐税在制订和征收方式上谈谈意见。“我们大致了解到，”该通报写道，“大部分捐税，尤其是盐税和军役税，给农民造成了一些悲惨的后果，但我们还是希望对每一种流弊都有所了解。”省议会的好奇心并不限于这些，它想知道的还有许多如各教区享有某种捐税特权的人如贵族、教士或平民的人数，这些特权的具体内容，这些免税人的财产价值，他们是否住在自己的领地，是否有很多教会的财产，或像那时人们所说的不可转让的法人财产没有参与买卖活动，其价值是多少。所有这些答案仍不能使议会感到满意，还得向它通报，如果实行捐税均等，享有特权者必须承担的那部分捐税如军役税、附加税、人头税、劳役的数额约计有多少。

让每个人叙述自己的不幸以激起他的愤怒，向他指出造成其不幸的人是谁，让他看到作恶者只是少数人以增强他的信心，深入每个人的内心激发其贪婪、嫉妒和仇恨。人们好像彻底忘了扎克雷起义[1]、铅锤党人[2]和十六人委员会[3]，好像不知道法国人平和时是世界上最温和甚至最善良的民族，而当强烈的激情使他们脱离常态时就会变成世界上最野蛮的民族。

可惜我没弄到农民回答这些致命问题的所有陈述书，但我也找到几份，足以了解这些陈述书的大致精神。

在这些陈述书中，每个特权者的名字，无论是贵族还是有产者，都被细心加以注明，其生活方式有时也有描述并且总是遭到批判。人们好奇地探究这些特权者财产的价值，不厌其烦地谈论他们特权的数量和性质，尤其是这些特权给村里其他居民带来的损失。人们列出每个特权者作为租金需交纳多少斗小麦，心怀嫉妒地推算其收入——据说这笔收入谁也不能分享。本堂神甫的临时收入（那时已经被称作薪金）高得吓人，人们心酸地发现教堂里的所有事都得付钱，穷人安葬甚至也要付钱。至于捐税，所有税收都制订得不合理，带有欺压性，没有一项捐税能让他们满意。他们谈论所有人时都言辞激烈。

“间接税是可憎的，”陈述书里写道，“没有一个家庭不曾受到包税员的搜查，他看到的和碰到的东西，没有一样是神圣不可侵犯的。注册税高得吓人。征收军役税的都是暴君，贪得无厌，欺压穷人不择手段。执达员不比他好多少，没有一个诚实的农民能逃脱执达员的残酷压迫。为使自己不遭这些暴虐者的贪食，征税员只好把邻居都弄穷。”

在这次考察中，大革命不只是宣告它即将到来，而是已经出现了，它已在说自己的语言并显露其全貌。

---

1 扎克雷起义：1358年法国的一次反封建农民起义。“扎克雷”意为“乡下佬”，是贵族对农民的蔑称。

2 铅锤党人：1382年法国鲁昂和巴黎发生的反抗重税的市民暴动。

3 十六人委员会：16世纪宗教战争时期支持吉斯公爵的组织，一度推行暗杀恐怖。

16世纪的宗教革命和法国大革命存在着诸多差别，其中一个差别使人震惊：16世纪，大部分要人是出于名誉的考虑或出于贪婪投身于宗教改革，人民则是出于信仰选择了革命，并不期待从中获得任何利益。18世纪的情况就不一样了：使知识阶层受到激励并奋起反抗的是无私的信念和仁慈的同情心，而使人民受到鼓舞的则是满腹的不满和改变其社会地位的热望。前者的热情最终燃起了后者的怒火和贪欲，并使它们逐渐升温。

第六章

政府为完成对人民的革命教育采取的几种做法

很久以前，政府就致力于向人民灌输并确立一些此后被称作"革命的"思想，这些思想反对个体，违背个人权利并且爱好暴力。

国王第一个表示人们可以以极端蔑视的态度对待最古老且看上去最稳固的制度。路易十五既实行了种种革新也作恶多端，精力旺盛却性格懦弱，他就这样动摇了君主政体，加速了大革命的到来。当人民看到那个与王权几乎同时诞生并且跟它一样牢不可破的高等法院最终垮台并消亡时，他们隐约感到自己已临近那些暴力和冒险的时代，一切都变得可能，没有什么古老的事物应当受到尊重，也没有什么新事物不能尝试。

路易十六在他执政的整个时期只是谈论要进行哪些改革。几乎所有制度都被他预言行将消亡，后来的大革命果然将它们都推翻了。

路易十六把几个最坏的制度从立法权中除去后，很快便又把它们放回原处。好像他只是想把这些坏制度连根拔起，让别人把它们推翻。

在他亲临的改革中，有些在没有充分准备的情况下就突然改变了某些古老且受到尊重的习惯，有时还对一些既得权利造成了破坏。改革就这样不是靠推翻阻碍大革命的障碍，而是通过向人民指出从何处着手进行革命，从而为大革命作了准备。使恶有增无已的正是促使国王及其大臣们采取行动的那单纯而无私的意愿，因为没有比为善而行使暴力更危险的了，特别是当施暴者都是好人时。

路易十四很早以前就在其敕令中公开传授一种观点：法兰西王国的所有土地最初都是由国家有条件让与的，因而国家是唯一的真正所有者，而其他人只是占有者，其身份仍存在争议，其权利也是不完全的。此观点起源于封建立法权，但在法国却只是到了封建制度行将消亡时才被传授，它也从未受到法院的承认。这是近代社会主义的主导思想。看到社会主义首先是植根于国王的专制制度，这未免有些奇怪。

路易十四之后的历代王朝，政府每天都以一种更实际、更为民众理解的方式告诉人民，应该轻视私有财产。当18世纪下半叶公共工程尤其是修路之风在各地兴起时，政府毫不犹豫地占有了工程所需的所有土地并推倒了有碍修路的所有房屋。公路与桥梁工程局从此就像人们后来看到的那样迷恋直线的几何美，只要现有道路有一点弯曲，就想方设法避开它们，宁可横穿一千个房屋也不愿绕一个小弯。像这样遭到破坏的地产或被推倒的房产总是很迟才得到赔偿，至于赔多少由国家定，而且经常是一分都不给。

下诺曼底省议会接管总督的行政管理时发现，二十年来在修路方面强制没收的所有土地都还没有赔偿。国家这样欠而未还的债，光是在这个小地方就高达二十五万里弗。财产受到损害的那些大地产者数量有限，但受损的小地产者人数很多，因为土地已经很分散。每个有产者都有切身体会，当公共利益要求人们违背个人权利时，个人权利是得不到尊重的。他们牢记这一理论，每当他们需要为自己的利益将其应用于他人时。

很多教区以前都有慈善基金会，根据基金会创始人的意图，这些基金会旨在在某些情况下按遗嘱指定的方式接济居民。这些基金会在君主制后期大部分都被破坏了，或者仅仅因枢密院的判决即政府的武断就背离了原先的宗旨。人们常将发给村镇的基金转给附近的济贫院。而济贫院的财产也在同一时期被改造，这与其创始人的意图不符且一定不会被他采纳的。1780年的一个敕令准许所有这些机构出卖它们在各个时期获赠的遗产，条件是终身享用，赦令还准许他们将财产的价值出让给国家，国家须支付年金。据说这是让祖先没有充分利用的布施发挥更好的作用。人们忘了，教人违背生者个人权利的最好方法就是全然不顾死者的意愿。旧制度下的政府对死者极度蔑视，其程度是之后所有政府都无法企及的。尤其是它没有显示丝毫的顾忌，英国人在这方面则谨小慎微，向每个公民提供社会的全部力量，帮助他维持临终意愿的效力，这使得英国人对每个公民死后的名声比对他本人更尊重。

征购、强制性的食品出售、最高限价，这些是政府措施，旧制度有过先例。我曾看到饥荒时期，政府官员事先就把农民带到市场的食品定个价，而由于农民怕受到限制，就不来市场，政府官员便下令强迫他们去，违者处以罚金。

但是，没有比当案件涉及人民的时候刑事法庭所遵循的某些程序更有害的教育了。穷人已经可以免受比他更有钱或更有势的公民的伤害，其程度比人们想象的要大得多，但是，如果穷人和国家打官司，就只能求助于特别法庭、有偏见的法官、仓促的或虚假的诉讼程序、不能诉权的假执行判决。“委托骑警队队长和他的副官了解饥荒时期有可能发生的民众骚乱和集会，命令诉讼案件将由他们处理且要做得尽善尽美，要按重罪法庭审判并进行终审判决，国王陛下禁止所有法庭了解此案。”枢密院的这项判决在整个18世纪都是法律原则。从骑警队的笔录中能看到，在这些情况下，他们夜里就把那些可疑的村镇包围起来，天亮前进入各家，将指定的农民抓获，无须出示逮捕证。像这样被抓起来的人在能同他的法官谈话之前往往要坐很长时间的牢，敕令却要求被告须在二十四小时内受审。这项条款跟我们今天的一样很正规，但也跟我们今天的一样不被遵守。

一个温和且非常稳定的政府每天就这样向人民讲授最适合革命时代、对专制暴政最实用的刑事教育法。它让这所学校一直开着。旧制度自始至终都对下层阶级进行这种危险的教育。就连杜尔哥也在忠实地仿效他的前任们。1775年，杜尔哥关于谷物的新立法在高等法院受阻并在农村引起骚动，这时他便以国王的名义下令，让法院移交案件的审理，将叛乱者送交重罪法庭。敕令中写道："重罪法庭主要用来镇压民众暴乱，如果能迅速给予儆戒是有好处的。"此外，所有农民，只要是未持有本堂神甫和村民代表签字的证明的都可能像流浪汉那样被起诉、逮捕并交重罪法庭审理。

在18世纪的这种君主制中，规则虽然很可怕，但处罚几乎总是从轻，这是真的。政府喜欢使用恐吓的手段，而不是体罚，或者更确切地说，政府出于习惯和漠然而专横、强暴，性情却是温和的。但对这种简便的司法的兴趣只会因此有增无已。刑罚越轻，人们越容易忘记刑罚被宣布的方式。判决的温和背后是诉讼程序的恐怖。

我手中掌握着事实，所以我敢说革命政府使用的无数诉讼程序，都可在君主制最后两个世纪君王对下层民众使用的种种手段里找到先例。旧制度给大革命提供了它的某些形式，大革命只是往里面又加进了它天性的残忍。

第七章

为何一场巨大的行政革命却引发了政治革命，其后果是什么

政府的形式还没有发生任何变化，而对人的社会地位和国家事务管理实行规范化的附属法律大部分都已被废除或修正。

行会理事会的摧毁及其部分地恢复使得工人和工头的旧关系发生了质的变化。这些关系不仅跟以前大不相同，而且变得不明确且不自然。主日警察被废除，政府的管理监督还没有规范化，手工业者在政府与雇主之间处于一种模糊的尴尬地位，对二者谁能保护他或可能接纳他，他并不是很清楚。所有城市的下层阶级一下子被抛入一种不安定的无政府状态，而一旦人民开始重新出现在政治舞台上，就会出现严重的后果。

大革命的前一年，国王的一个敕令在各个方面搅乱了司法秩序。创建了几个新的法庭，其他法庭许多都被废除，审理权的所有规定都被修改。然而，在法国，正如我在别处已经指出的那样，从事审判或执行法官判决的人非常多。说真的，整个资产阶级或多或少都跟法院打过交道。法律的效应便是猛然给无数家庭的处境和财产造成混乱，使他们处于一种新的不稳定状态。敕令也让申诉人感到不舒服，他们在这场司法革命中难以找到适用于自己的法律和有资格审判他们的法庭。

但是，在引起公共事务的混乱之后，最终使每个公民受到震动，

甚至影响到其个人生活的，则是严格意义上的政府在1787年不得不经受的彻底改革。

我曾说到，在各财政区即在法国将近四分之三的地区，财政区的全部行政管理都委托给一个人——总督，总督既不受人监督也不听取任何人的意见。

1787年，总督身边设立了一个省议会，省议会成为该省真正的行政官。每个村子里，由选举产生的一个市立法会议取代了旧的教区议会，并在大多数情况下取代了村民代表。

一个与之前的立法完全相反的立法（此立法彻底改变的不仅是事务的秩序，还有人的相对地位）必须同时在各地执行，而且要按同样的方式执行，既无须考虑以前的惯例也不必顾及各省的特殊情况，因为这个即将被大革命打倒的旧政府已经拥有大革命的中央集权的特性。

由此可知习惯在整个政治机构中所占的分量，以及为何人们利用长期以来所遵循的晦涩复杂的法律比某个对他们来说并不熟悉但更简单的立法来摆脱困境更容易些。

旧制度下的法国存在着各种各样的权力，根据各省的情况而变化无穷，而且没有一种权力具有明确的为大众熟知的界限，结果是每个权力的活动领域总是与其他一些权力相同。不过，人们最终在国家事务中建立起一个正规的且相当简单的秩序，而数量更少的一些新权力，尽管有明确的界限，却大同小异，它们相遇了，很快就在更大的混乱中混杂在一起，并且常常相互诋毁，直到筋疲力尽。

新法律还具有一个大的弊端，仅此一项就足以使新法律的执行变得艰难，尤其是在开始时，这便是：新法律创立的所有权力都是集体权力[1]。

1　大革命的发生不能归咎于这一繁荣景象，但可能导致大革命爆发的那种精神，那种活跃不安、机智而富于创新性、有抱负的精神，也就是一切新社会的那种民主精神，已开始使一切富有生气，并在使社会瞬间倾覆之前就使社会产生动摇并得到发展。——原注

在旧君主制下，向来只有两种统治方式。在那些统治权只交给一个人的地方，此人无须任何议会的协助而擅自决断。凡是有议会的地方，如在三级会议省或所有城市里，个人不得有执行权。议会不仅掌握统治权并对政府管理实行监督，而且亲自管理事务或通过它任命的一些临时委员会进行管理。

由于只知道这两种治理方式，一旦抛弃其中的一种，就只好采纳另一种。

令人颇感奇怪的是，在一个如此开明、政府早就开始扮演如此重要角色的社会内部，人们从未想到将两种制度结合在一起，将执行权与监督和解除权加以区别却又不将它们分开。此想法看似简单，却没人想到，只是在本世纪才被人发现。可以说这是法国人在治国方面唯一的伟大发现。如果不这么做，把行政习惯搬进政治，憎恨旧制度传统的同时遵守这一传统，从而在国民公会里实行省三级会议和城市小市政会议所遵循的制度，后果便是我们将要看到的。我们还会看到恐怖时代是如何从那原先只是致使事务陷于困境的一个起因里突然出现的。

1787年的省议会获得了自治权，而那时大多数情况下总督是独断行事。省议会在中央政府的统治下负责制订军役税和对征税进行监督，负责确定哪些公共工程必须承办并进行施工。它们直接领导公路与桥梁工程局的所有官员，从监察员到工程监工。省议会必须规定这些人做它们认为合适的事情，向大臣汇报这些官员的业绩，并向他提议该给他们发奖金。对市镇的监管也差不多全都交给省议会，省议会必须对大多数诉讼案进行初审，而之前都是由总督亲自审理，等等。这些职责中有一些不适合某个集体的且不负责任的权力，再说这些职责又是由第一次管理国家事务的那些人去行使的。

最终把所有事情都搅乱的，便是像这样把总督的权力降到无任何效力的时候还让他继续存在。剥夺了总督无所不为的专制权之后，又把协助和监督议会所作所为的权利强加于他，这就如同一个被免职的行政官必须赞同那个剥夺他一切权力的立法精神，并为贯彻此立法精神创造条件！

对总督所做的也被用在总督代理身上。人们在他身边和他刚占据的位置安置了一个区议会，区议会须在省议会的领导下并根据某些相似的原则行事。

从1787年创建的省议会的所有法令和会议记录所了解到的一切显示，这些议会刚诞生就与总督展开了暗中的并且常常是公开的战争，总督老谋深算，给继任者的行动设置种种障碍。这里，某个议会抱怨必须做很大努力才能从总督手中夺回对它来说是最必不可少的文件。别处，总督控告议会成员试图篡夺据说是法令留给他的职权。他向大臣求助，大臣往往不予答复或表示怀疑，因为这个问题对他和所有人来说都是闻所未闻的、难以理解的。有时，议会认为总督管理无方，派人修建的道路不是线路不合理就是养护不当，他还任由一些社团消亡，而他自己则是这些社团的监护人。这些议会常常在某项不太熟悉的立法的黑暗中摸索，奔赴远处咨询并不断收集意见。欧什[1]总督声称他可以违抗省议会的意志，省议会曾准许某个公社自行征税。省议会则肯定地说总督在这个问题上此后只能发表意见，而不得下命令，它请求法兰西岛省议会表达自己的观点。

面对这些尖刻的批评和意见，政府的步伐经常放慢了速度，有时还停住，公共生活于是似乎暂停了。"事务全面停滞，"洛林省议会说，这话是其他几个省议会的回音，"所有善良的公民都为此感到难过。"

另一些时候，这些新政府则因过于活跃和过于自信而犯错误，它们全都充满一种不安和骚乱的热情，希望一下子就改变旧的方法，急

1 法国西南部热尔省首府。

急忙忙改正积淀已久的流弊。新政府以它们今后监管城市为借口开始自行管理市政事务，总之，它们想改善一切，结果却把一切弄得乱七八糟。

如果我们现在愿意想想公共行政管理长期以来在法国所占据的重要地位，想想政府每天触及的诸多利益，以及依赖政府或需要政府帮助的所有事情，如果我们想到个人只有依赖政府而不是靠自己才能使自己的事情成功，使自己的行业得到发展，物质生活有保障，才能开辟和维护道路，才能保持稳定并确保安逸的生活，那么，我们便会理解，政府遭受不幸定会使无数人直接受到伤害。

但是，只是在村镇里新政府的弊病才尤其明显，那里，政府不仅扰乱了权力秩序，还突然改变了人的相对地位，使所有阶级都面对面并处于对立状态。

当1775年杜尔哥向国王提议改革农村行政制度时，他说他碰到的最大障碍来自于捐税摊派不均等，因为教区的主要事务是制订、征收和使用捐税，而所有人并不是按同样方式纳税的，其中有些人是完全免除捐税的，怎么让这些人合作共事，共同协商教区事务呢？每个教区都有一些免缴军役税的贵族和教士，部分或全免军役税的农民，以及其他缴纳全部军役税的人。这就如同不同的教区，每个教区都要求有一个单独的行政机构。这个问题难以解决。

其实，没有哪个地方的捐税差别比在农村更明显，也没有哪个地方的居民像在农村那样被划分为不同团体并且常常处于敌对的状态。要想让村镇有一个集体的行政管理和一个自由的小政府，首先必须使所有人缴纳同样的捐税，缩小造成各阶级分离的差距。

当人们终于在1787年着手这项改革时却不是这么做的。教区内部依然维持着旧的等级分化及其主要标志——捐税不均等，但整个行政管理都交给了选举团。这即刻导致了最为奇特的后果。

如果这是选举市政官员的选举议会，本堂神甫和领主就不能出席，据说他们属于贵族和教士等级。而在这里，主要是第三等级要选举他们的代表。

市议会被选出后，本堂神甫和领主理所当然就成了市议会成员，因为将如此显要的两个居民完全排斥在堂区政府之外似乎不大合适。领主甚至还要主持那些他未参与选举的市参议员的会议，但对于会议的大部分法令，他都不能干预。比如，制订和摊派军役税，本堂神甫和领主就没有投票表决权。他们两个不都是免缴此税的人吗？至于市议会，它与本堂神甫和领主的人头税不相干，人头税仍旧由总督依据某些特殊形式加以确定。

人们担心市议会主席在议会中还会产生某种间接的影响（尽管他与这个本该由他领导的议会已经分离），不利于他不属于的那个阶级的利益，便要求他的佃农投的票不作数。省议会在被征求意见时认为此要求非常公正并且完全符合原则。住在本教区的其他贵族不能进入这个平民的市政机构，除非他们是农民推选的，在这种情况下，就像规章特意注明的那样，他们在议会中只能代表第三等级。

领主出席市议会只是为了完全屈服于他昔日的臣民，臣民突然间变成了他的主人。说他是他们的首领，还不如说是他们的囚徒。用这种方法将这些人聚集在一起，目的好像不是使他们的关系更亲近，而是让他们更清楚地看到他们有哪些不同，他们的利益又是多么对立。

村民代表还是那个只是被迫履行其职责、丧失威信的政府官员吗？或者他的地位也随着他依旧担任要员的那个共同体一起升高了？谁也说不清楚。我找到一封1788年某个村镇执达员的信，他对人们选他担任村民代表很气愤："这是违反村民代表职务的所有特权的。"总监察长回答说必须纠正这个人的想法，"并让他明白应当为受到同胞的推举感到荣幸，而且新村民代表与此前同一名称的政府官员不同，他们应当有望得到政府更多的敬重。"

另一方面，我们发现，当农民变成一种势力时，教区里一些重要的居民乃至贵族都突然与农民关系变得接近。巴黎郊区那个职位高、有审判权的领主抱怨说国王的敕令使得他甚至不能作为一个普通居民参加教区议会的活动。另一些人"出于对公共利益的忠诚"同意"履行教区代表的职责"。

太晚了。随着富裕阶级向农村平民走去,试图与他们为伍,农村平民却回到原先的与世隔离状态,拒绝与他们往来。有些教区的市议会不接纳领主,另一些则百般挑剔,不接受有钱的平民。"我们得知,"下诺曼底省议会说,"有些市议会拒不接受不在本教区居住的平民地产主,尽管可以肯定这些人应当成为议员。还有些议会甚至不接纳在其领地没有财产的佃农。"

因此,在人们触及那些使政府各部门规范管理的主要法律之前,次要法律中的一切已经是既新奇、模糊又十分矛盾。遗留下来的东西也都被摧毁,可以说再无一项规章未被中央政府宣布废除或将被修改。

这场在法国先于政治革命、旨在革新一切行政规则和行政习惯、突如其来的巨大改革,如今已很少被提及,但已经成为一个伟大的民族历史上曾有过的最伟大的动荡之一。这第一次革命对第二次革命产生了巨大的影响,使得第二次革命成为一个特殊的事件,与到那时为止世界上发生的所有类似事件或自那时起发生的类似事件截然不同。

英国的第一次革命使这个国家的整个政治结构发生了巨大变革,直至废除了君主制,但它只是极其轻度地触动了次要法律,对习俗和惯例几乎未带来任何变化。司法部门和行政机构形式依旧,跟过去一样遵循同样的习惯做法。内战如火如荼之时,据说英国的十二位法官还在作巡回刑事审判,一年两次。因此,并非所有一切同时都处于动荡不安中。革命在效力上受到限制,英国社会的顶层摇摆不定,基础却岿然不动。

1789年以来法国人亲历了好几场使政府的整个结构产生根本

性变化的革命。其中大部分来得非常突然并且是以暴力实现的，现行法律受到公然藐视。但革命引起的混乱从未持续很久也未产生广泛影响，大部分民众几乎感觉不到，有时几乎没有察觉。

这是因为自1789年以来，虽然政治机构已成一片废墟，政府组织却始终未受到任何损伤。君主本人或中央权力的形式变了，日常的事务进程却没有中断也未受到干扰。在关乎个人的细小事务中，每个人依旧服从他所熟悉的规则和惯例，依赖于他长期与之打交道的次级政府，并且常常面对同一些官员。即便每次革命中，政府都被斩首，它的躯体却未受到伤害，依然充满活力。同样的职责由同样的行政官履行，这些官员通过各种政治法规来传播他们的精神和做法。他们进行审判、治理国家，先是以国王的名义，然后以共和国的名义，最后以皇帝的名义。接着，命运之轮又转了一圈，他们又开始为国王，为共和国以及为皇帝进行审判、治理国家，总是同一些官员并且总是用同一种方式，因为主子是谁跟他们有什么关系。对他们来说重要的不是做公民，而是当优秀行政官和优秀法官。第一次震动一平息，国家似乎也就再没有任何变动。

就在大革命爆发之时，这部分政府——虽然它是从属的，每天都能让每个公民感到它的存在并以最持续、最有效的方式影响着公民的福利——却受到彻底的震撼：国家政府突然更换了所有官员并修改了所有准则。一开始国家好像并没有因这场广泛的改革受到大的打击，但所有法国人都感到了一种小小的特殊震动。每个人都觉得自己的地位受到动摇，习惯被打乱，或职业受到妨害。在那些最重要、最普遍的事务中，某种正常秩序依旧占上风，但再也没有人知道该服从谁，跟谁说话，也不知道在构成日常社会生活方式的最细微的个人事务中如何行事。

由于国家的各个部分都失去了平衡，因而最后一击便使整个国家摇摇欲坠，引发了史无前例的最大范围的动荡和最可怕的混乱。

第八章

大革命是如何由它之前的事件引发的

在结束本书时，我想将我已经分别描述的某些特征归到一起，看大革命是如何从我刚描绘的那个旧制度中自发产生的。

如果我们想到封建制度正是在法国，不但没有使它自身那些可能损害或激怒人的东西得到改变，反而彻底失去了能保护它或为它服务的一切，我们就不会对这场后来猛烈摧毁欧洲古老政体的大革命在法国而不在别国爆发感到惊异了。

贵族阶级丧失其古老的政治权利，并且不再管理和领导居民（这在欧洲其他封建国家是不存在的），但他们不仅保留了金钱方面的豁免权和贵族作为个人享有的利益，还使这些大大加强了。贵族阶级成了一个从属阶级，但它仍旧是一个享有特权的封闭的阶级，正如我在别处所说，贵族越来越不像贵族，却越来越像一个等级集团。如果我们注意到以上几点，就不会对贵族的特权在法国人看来是如此不可理解、如此可恶而感到诧异了，也不会对法国人一看见贵族，民主的强烈愿望就在他们内心燃起，以致到今天都还在燃烧而感到不解了。

贵族阶级将中产阶级排除在外而与中产阶级，与人民分离，失去民心，在民众中完全处于孤立状态，表面上看统帅着一个军队，其实是一个没有士兵的军官部队。如果我们想到这一点，就不难理解为什么贵族阶级存在了一千年，却在一夜间就倒下。

对于国王的政府以何种方式废除了各省的自由，在法国四分之三地区取代了全部地方政权，之后将一切大小事务都集于一身，我已作了说明。对于巴黎如何因某种必然结果从以前的首都变成了国家的主宰，或者更确切地说变成了整个国家，我也作了论证。法国特有的这两个事实足以解释为什么一次骚乱竟能将一个曾在数世纪经受住了强烈打击的君主政体彻底摧毁，而且，此君主政体垮台前在那些即将推翻它的人看来还是不可动摇的。

法国是政治生活消失得最早且最彻底的欧洲国家之一，在法国，个人完全失去了处理事务的能力、辨别事实的习惯和人民运动的经验，并且几乎丧失了人民的观念，这就不难想象为什么所有法国人在没有看到任何前景的情况下同时陷入一场巨大的变革，最受大革命威胁的人则走在最前列，担负起开辟和拓展革命之路的重任。

由于再也没有自由体制，便也不再有政治阶层、活跃的政治团体，不再有有组织、有领导的政党，而如果没有这些正规力量，一旦公众舆论复活，公共舆论的导向就只落到哲学家身上，所以应该预料到这一点，即大革命不是因为某些具体事件，而是以一些抽象原则和非常普遍的理论为指导的。可以推测，人们不只是对坏法律进行攻击，而是对所有法律进行批判，人们希望用作家设想的那个全新的政府体制来取代法国古老的政体。

由于教会与所有将被摧毁的旧制度有着必然的联系，不用怀疑，这场革命在推翻世俗政权的同时必定使宗教受到震动。因此，很难说革新者一旦摆脱了宗教、习俗和法律对人的想象力施加的一切束缚，他们的精神会不受控制，想出何等闻所未闻的鲁莽之事。

凡是认真研究过法国状况的人轻易都能预料到，在这个国家，什么闻所未闻的鲁莽之事都有可能被尝试，什么暴力行为都有可能被允许。

“怎么！”伯克在一篇有说服力的抨击性文章里喊道，“居然看不到一个能为最小的区县争辩的人，甚至看不到一个能替他人作担保的人。没有人反抗，都等着在家里被抓，不管他是保皇党人、温和主义者还是别的什么人。”伯克不太清楚他为之惋惜的那个君主政体在什么条件下把我们扔给了我们的新主人。旧制度下的政府预先就剥夺了法国人互相帮助的可能性和愿望。大革命突发时，在法国的最广大地区都找不到十个一贯能共同行动、愿意为自己辩护的人。中央政权只能独自担当此任，结果使得这个中央政权从国王的政府之手落入一个不负责任的最高议会之手，从温和的变为极端的，面前没有任何可以阻止其行动，哪怕是一时延缓其行动的东西。使得君主政体轻而易举就彻底垮台的同样原因使一切在君主政体垮台后都变得可能。

宗教方面的宽容，管理的温和，人道甚至仁慈，这些从来没有比在18世纪受到更多的宣传，似乎也没有比那时更被人接受。战争权，作为暴力的最后栖息之地，也被缩小并变得缓和。而最不人道的革命竟然将出自如此温和的风俗！不过，风俗变得温和并非假象，因为一旦大革命的狂热减弱，就能看到这种温和立即遍布所有法律并渗透到所有政治习惯中。

理论的和善与行动的粗暴形成的反差是法国大革命最难以理解的特征之一，如果我们注意到这个大革命是由国民中最有文化的阶级酝酿，却由最没有教养、最粗野的人实施的，我们就不会感到惊奇。前者相互间没有任何既往联系，没有相互了解的习惯，没有办法控制人民，因而当旧政权被摧毁时，人民几乎立即成了领导力量。人民不亲自统治的地方，至少也向政府传达了他们的精神。从另一方面来看，如果我们想到人民在旧制度下的生活方式，就不难想象他们将成为什么样子。

人民处境的种种独特性使他们具有某些罕见的美德。由于他们很早就获得自由并一直拥有一部分土地，彼此孤立而不相互依赖，因而表现得既谦虚又骄傲。他们吃苦耐劳，对精致的生活不感兴趣，能忍受最大的不幸，临危不惧。这个单纯而坚强的种族将组成强大的革命军队，征服整个欧洲。但同样的原因也使他们成为危险的主人。由于人民数世纪以来几乎都是独自承受种种流弊的全部重压，由于他们生活在社会边缘，默默沉浸于自己的偏见、嫉妒和仇恨中，命运的严酷使他们变得冷酷无情，变得不但能忍受一切还能使一切遭难。

人民就是在这种情况下控制了政府，试图亲自完成大革命的伟业。书籍提供了理论，他们则负责实践，将作家的观念适应他们粗暴的举动。

那些在读本书的同时对18世纪的法国做过认真研究的人能发现，有两种重要的激情在人民内部产生并得到发展，它们不属于同一时代也并不总是趋向同一目标。

其中的一种更深刻，起源更远，这就是对不平等怀有的无法遏制的强烈仇恨。这种仇恨产生后随着不平等的无处不在而大大增强，并且长久以来一直以一种持续且不可抗拒的力量推动法国人去摧毁中世纪遗留下来的一切制度的根基，清除场地后，再在那儿建立一个人类共享的“人人生来一样且地位平等”的社会。

另一种激情是新近出现的且没那么根深蒂固，它激励法国人不但要平等还要自由地生活。

旧制度末期，这两种激情都同样真诚并显得同样强烈。进入大革命后，它们相遇了，于是交织在一起，一时间融为一体，在接触中活跃起来，最终共同燃起了所有法国人的激情。1789年，毫无疑问这是个无经验的时代，但也是无私、热情、刚强和伟大的时代，一个永远被人记住的时代，人类会以赞赏而敬佩的目光回头看这个时代，即便亲历这个时代的人和我们都消失已久。法国人那时对他们的事业和他们自己感到骄傲，相信自己能在自由中平等相处。于是，他们在民主体制中到处设立自由制度。他们不仅粉碎了将人按等级集团、行会、阶级来划分从而使他们的权利比他们的地位更加不平等的那套陈旧的立法权，还一下子消灭了其他那些由王权制定的较新的法律，这些法律剥夺了国民自身享受的自由，把政府设在每个法国人的身边，给他当导师、监护人，必要时还充当压迫者。随着专制政府的垮台，中央集权制也灭亡了。

但是，当这个充满活力的一代人即大革命的始作俑者被消灭或变得软弱无能时（这对于着手此类大业的每一代人都是屡见不鲜的事），当按照这类事件的自然进程，对自由的热爱在无政府主义和人民专政中遭到挫败而变得麻木不仁时，当惊慌失措的国民开始摸索着寻找自己的主人时，专制政府找到了复活和重建的大好时机，那个既是大革命的后继者又是大革命的摧毁者的天才[1]轻易就发现了这点。

旧制度其实包含着一整套近代的规章制度，这些制度并不反对平等，因而很容易在新社会中找到自己的位置，但也为专制制度提供了特殊的便利。人们在所有其他制度的废墟中寻找，终于找到了。这些制度昔日曾造就某些习惯、激情和观念，目的是使人们彼此分离、唯命是从。人们要复苏这些制度并加以利用。人们在废墟中抓住中央集权，将它恢复。由于当它重新站立起来时，过去曾对它加以限制的一切都被摧毁，因此，从一个刚刚推翻王权的民族的内心深处，人们看到突然出现了一个比我们历代国王权力更大、更精细、更专制的一个政权。这项事业看上去极其鲁莽，成就难以置信，因为人们只想着正在看到的而忘了曾经看到的。统治者垮台了，但他使命中最本质的东西依然存在。他的政府已死，他的行政机构却继续活着，此后每当人们想打倒专制政府时，都只是将自由的头颅放在一个受奴役的躯体上。

1　指拿破仑。

从大革命开始直到今天,我们无数次看到对自由的迷恋消失又出现,然后再消失,再重现。革命的激情经久不衰,但始终缺乏经验、控制不当,容易灰心丧气,受到恐吓,被挫败,浅薄而转瞬即逝。就在这同一时期,对平等的爱始终占据着人们的心底,最先征服人心,紧紧抓住我们最珍视的感情。当一种激情即对自由的爱随着事件不断改变面貌,降低,增高,加强,变弱,另一种激情即对平等的爱却依然如故,总是带着同样固执并且常常是盲目的热情致力于同一个目标,随时准备为那些能使它得到满足的人牺牲一切,向愿意为支持、奉承它的政府提供专制制度在统治时所需要的习惯、思想和法律。

对于那些只想凝视法国大革命的人来说,大革命只是一片黑暗,必须回到革命以前的时代去寻找可以照亮大革命的那唯一光明。如果我们对旧社会没有清醒的认识,包括它的法律、弊病和偏见,它的不幸和伟大,我们永远都无法理解法国人在旧社会灭亡后的六十年间所做的事。但是,这种认识还不足以让我们深入了解我们国民的天性本身。

当我审视这个民族本身时,我发现大革命比法国历史上的任何事件都不可思议。世界上没有哪次革命像法国大革命那样每个行动都充满矛盾,易走极端,听任感情的驱使,而不是受制于某些原则,因而总是比人们料想的不是更坏就是更好,时而低于时而又大大超出人类的共同水准。法兰西民族最重要的天性从未改变,从两三千年前人们对它所作的描述中还能辨认出它的样子。同时,法兰西国民的日常想法和趣味变化多端,最后竟然成为自己也没有想到的一幅景象,并且常常对自己做的事情感到吃惊,程度不亚于外人。如果对他们放手不管,他们就是最喜欢待在家里、最墨守成规的人。而一旦强制性地把他们从家里和习惯中拉出来,他们就做好一切准备,去天涯海角,什么也不怕。性格的不顺从却使得他们更加适应某个君主专横乃至强暴的统治,而不适应最重要的公民正规、自由的管理。今天它公开反对任何顺从，明天又利用某种激情，连那些最善于忍受奴役的民族都无法企及。没有人起来造反的时候，他们对统治者言听计从，而只要某处有反抗的先例，他们就变得再也无法统治。他们就这样不断欺骗主人，主人要么特别怕它，要么一点都不怕。他们绝不会自由到让统治者丧失对其进行奴役的信心，也绝不会被奴役到再也不可能砸碎其枷锁。他们无所不能，但最擅长的是打仗。较之于真正的光荣，他们更崇尚机遇、力量、成功、辉煌和煊赫。他们可以成为英雄，但绝不会成为有德行的人，他们会是天才，但绝不是有见识的人。对他们来说，与其把伟大的事业做得尽善尽美，不如去设想宏伟计划。他们是欧洲最杰出却也是最危险的民族，其天性最不安分，因而不断成为赞美、仇恨、怜悯、恐怖的对象，但绝不会受到漠视。

只有法兰西这个民族才能发动这样的一场革命——它是如此突然，如此彻底而猛烈，却又如此充满变数，充满矛盾和对立的事物。如果没有我所说的那些原因，法国人是不会进行这场大革命的。但必须承认，所有这些原因也不足以解释法国以外发生的类似革命。

我终于抵达这场值得纪念的大革命的门槛了，这回我并没有走进去，或许过不了多久我就能进入其中。那时，我将不再探究大革命的起因，我要研究大革命本身，最后，我还要大胆地对从大革命诞生出的那个社会进行评判。

附　录

论三级会议各省，尤其是朗格多克省

我的目的并非在这里对大革命时期还存在的那些三级会议省发生的事情做详细的研究。

我只是想明确地指出仍存在的三级会议省有多少，让人们了解地方生活依然活跃的那些省份，指出它们与国王政府的关系如何，它们在哪些方面与我前面所表述的那些共同制度相违背，又在哪些方面能够与之一致，最后，我想通过其中一个省的例子来看所有这些三级会议省有可能自然演变而成的样子。

那时，法国大部分省都有三级会议，即正如那时人们所说，每个省都是在国王的统治下由三个等级的代表来治理的；三级会议也可以被理解为一个由教师、贵族和市民组成的议会。这种省级政体如同中世纪的政治制度一样，在几乎所有欧洲的文明国家都存在，至少在那些深受日耳曼风俗和思想影响的地区如此。德国的许多省的三级会议制度一直持续到法国大革命时期，在那些三级会议被摧毁的地方，也只是在17和18世纪中慢慢消失的。两个世纪以来，各国君主向它们发动战争，时而悄无声息，时而公开讨伐，但从未间断。没有一国君主会跟随时代的发展来改善制度，而只是每当机会出现且又别无他法的时候，便把它们摧毁或改造。

1789年法国只在五个较大的省和几个无足轻重的小区还有三级会议。在这些省中，只有两个省即布列塔尼和朗格多克还有省级自由,其他地方的政治制度已不具有任何影响力,只是摆设而已。

下面我要把朗格多克省单独拿出来,在此对它进行特别研究。

朗格多克省是三省中幅员最辽阔、人口最多的省。它有两千个公社(或如那时的人所说的共同体),近两百万居民。它还是三级会议省当中最井井有条、最繁荣的省份,也是最重要的省份。这就是我挑选朗格多克省来说明旧制度下省级自由状况的原因,从中可以看到,即使在省级自由程度最高的地方,此自由也是完全受王权控制的。

在朗格多克省,三级会议需由国王的特别命令才能召开,国王每年亲自向每个三级会议代表发放会议通知书。当时的一位持不同政见者说:“构成我们三级会议的三个团体当中,教士由国王任命,因为各教区是由国王划定的,俸禄也是由国王决定的。其他两个团体情况当然也一样,因为国王可以随心所欲下令禁止某个成员参加三级会议,而无须为此将他流放或者对他提出诉讼。只要不给他发放会议通知书即可。”

三级会议必须按国王指定日期召开,还需要按国王的指令散会。通常都由枢密院下令决定,会议的时间前后共四十天。王室也有代表参加。只要他们提出要求,就可以参加会议,并代表皇室陈述意愿。三级会议在严格的控制之下,会议无权做出重大的决定,也不能对某项财政措施进行判决,除非决议得到了枢密院的赞同。无论是一项捐款,一笔贷款,一起诉讼案,都需得到国王的特准。三级会议的所有规章制度,甚至包括举行会议的事项都需得到批准后方可生效。每年,会议总的收入和支出,即我们今天所说的预算,都受到同样严格的监督。

中央政权在朗格多克省还可以行使它在其他各省被认可的政治权利。它适时地颁布法律,不断地制定规章制度,它所采取的一般举措,如在其他财政区一样,在朗格多克省也同样适用。同样,朗格多克省行使政府的自然职能。在那里还安置了同样的警察和官员。它还像在各处那样，不时地设立一些新官职，朗格多克省还需以高昂的价格购买这些职位。

朗格多克省和其他所有省一样，由总督负责统治。总督在每个区都有其代理人并与各区区长以书信方式联系并指挥他们。总督在朗格多克省起行政监督的作用，这与在其他的财政区完全一样。塞文山脉峡谷偏远的小村庄如果没有得到来自巴黎的枢密院的允许，连一小笔费用都不能花。这部分司法权（即今天所说的行政诉讼）在朗格多克省像在法国的其他地方一样被广泛地运用，甚至更为普遍。所有的路政问题在初审阶段由总督决断，所有与道路有关的诉讼案均由他来判决，所有与政府相关或政府认为与之相关的案件一般也都由总督宣判。政府在朗格多克省与在别处一样保护其官员，以免受到官员欺压的公民动不动就对他们进行起诉。

使朗格多克省与其他各省不同的特殊之处是什么呢，又是什么使得它成为其他各省觊觎的对象？以下三点足以证明：

1. 朗格多克省有一个议会，其成员都是重要人物。此议会博得大众的信任并受到王权的尊重，中央政府的任何官员（那时被称作国王的官员）不得加入。议会每年举行一次，人们在议会上自由、严肃地讨论本省的特殊利益。国王的政府只需守在这个产生思想的地方便可以其他方式行使其特权。而且，即便它有同样的动机和本性，它在朗格多克省的形象也与在其他地方不一样。

2. 朗格多克省有很多公共工程都是由国王和其代理资助实施的。还有一些其他的工程，中央政府为其提供一小部分资金，而且大部分工程的施工都是由中央政府指挥的。但是，大部分工程都是由本省出资的。工程项目和费用一旦得到国王的批准，便由三级会议选定的官员在其内部专员的监督下执行。

3. 最后，朗格多克省有自行征税的部分权利，并按自己喜欢的方式征收国王的赋税及所有为满足本省需要而设立的捐税。

4. 下面我们将看一看朗格多克省从这些特权中获得了哪些好处,为此有必要进行仔细的论证研究。

所有财政区给人印象最深的是几乎完全取消了地方赋税,普通捐税常常是压迫人的,但是财政区的省不为自己花一分钱。而在朗格多克省却正相反,每年该省用于公共工程的金额非常高,1780年就超过了两百万里弗。

看到如此大的支出,中央政府有时感到震惊。它担心朗格多克省在公共工程上的投资太大而无法完成应向政府缴纳的那部分捐税。它指责该省的三级会议对公共工程投入太多。我看过一份报告,里面谈到议会对诸多指责的回应。我将从中原封不动地摘录一些句子,这比我自己讲述更能真实地反映出曾让此小小的政府受到鼓舞的那种精神。

我们在这份报告中看到,朗格多克省确实已着手许多公共工程。但是,三级会议非但没有请求原谅,而是宣布,如果不是国王反对的话,它会深入贯彻这种政策。该省已经修建或重建穿越全省的主要河道,并将路易十四时期开通的运河加长,使它穿越下朗格多克省,经过塞特和阿格德直达罗讷河。它使塞特港变为商用港并花费巨资维护。它还强调,所有这些开支不只是为了本省的利益,而是让全国受益。然而,朗格多克省比别的省从中受益更多,所以自然要承担这些费用。它还排干艾格莫尔特沼泽,使其为农业所用。但是该省始终把道路建设放在最重要的地位,所有贯穿全省通向全国各地的道路均已开通且路况良好。那些贯通朗格多克省所有城市和乡镇的路也得到了修护。所有的道路质量都很好,即便在冬天,也不会出现问题。这同我们在大部分的邻省如多菲内省、凯尔西省、波尔多财政区所看到的形成了鲜明对比,这些省的路坚硬、崎岖不平、维护不当。在这个问题上,商人和旅行家的观点可以为朗格多克省的做法提供依据，朗格多克省做得没有错，因为十年后走遍了该省的阿瑟·扬在他的笔记中写道："朗格多克省是三级会议省，路好，修路也没有用劳役。"

报告里还写到，如果国王也支持三级会议的做法，它的市政工程还远不止此。它着手改善乡镇道路，因为修建这些路跟其他的大路具有同样的意义。报告写道，如果粮食不能从所有者的粮仓里运到市场，那又怎么能被运往远方？报告里还补充道，三级会议在公共工程上的观点始终是应注重工程的实用性而非工程的规模。河流、运河、道路使得所有农业产品和工业产品随时都可以低廉的费用运往需要的各个地方，实现其价值，商业也因此可以深入到全省的各个地方。虽然朗格多克省为这些工程付出了高昂的代价，却也因此富裕起来。此外，此类工程同时在朗格多克省的其他地方有节制地进行，方式也几乎一样，因而各地的工资水平得以平衡，平民得到救济。朗格多克省在报告的结尾，带有几分骄傲地说："国王不需要像在法国其他地方一样在朗格多克省创建慈善工厂。我们并不要求得到这个好处，我们每年所做的那些实用性工程可以代替这些，使每个人都得到一份有益的工作。"

朗格多克省的三级会议在其公共行政管理权限内，在国王的允许下（而非在他的倡导下）制定了普通规章制度。我越是研究这些制度就越觉得地方政府的所作所为比我在那些国王独自统治的省份看到的一切好得多，就越赞赏它所体现出的睿智、公正和温和。

朗格多克省被划分为共同体（市镇和乡村）、被称为主教区的行政区以及三个大区也叫司法总管辖区。每个部分都有不同的代表团和一个独立的小政府，并在三级会议或国王的领导下开展活动。如果所涉及的公共工程目的是为了维护上述的某个小政治团体的利益，这个小团体只要提出请求，工程便可以动工。如果某个共同体的工程对某个主教区有益，该教区就应给予一定的自主，如果工程与司法总管辖区的利益有关，那么该管辖区也应当提供资助。即使此工程只涉及某个共同体的特殊利益，只要此项工程对此共同体是必需的并超出了它的经济承受能力，那么主教区、司法总管辖区和该省都应向该共同体提供帮助。朗格多克省的制度有一个基本原则便是：由于朗格多克省的各部分彼此都是相互依赖的，因而必须不断地互相帮助。

朗格多克省级的公共工程须事先做长期准备，并且首先交给那些应当提供资助的附属机构审核。施工劳动是有偿的，没有劳役的事。我曾说，在财政区因公共工程而向所有者征收的土地往往价格低廉或迟迟不予偿付，而且经常是分文不给。这就是1787年的省三级会议提出的最大的抱怨之一。我就看到过这样的情况，财政区的被征地者甚至无法讨回他们的征地费。因为想要得到的东西不等估价就已被摧毁或变形了。而在朗格多克省，在所有者那里所征收的每一块土地在工程开工前都被认真地估价，并在施工的第一年就偿付。

三级会议制定的与各类公共工程相关的规章制度在中央政府看来是如此合理，中央政府对其很赞赏，尽管中央政府不会效仿它。枢密院在批准规章的效力之后命人将它送到皇家印刷厂印刷，并下令作为文件让所有的总督传阅。

我以上对公共工程所说的话特别适用于与征税相关的另一部分省级行政管理，尤其是在税收部门。如果你从中央政府进入朗格多克省，你简直难以相信自己处在同一个帝国里。

我曾在别处谈到朗格多克省制定和征收军役税所依据的章程和何以与我们今天征收赋税所遵循的章程部分一致。在此不再重述，我只是想补充说，朗格多克省在这方面十分欣赏其方法的优越，每次国王增设新税的时候，三级会议都毫不犹豫地以自己的方式，指派自己的官员以极其昂贵的价格购买征税权。

尽管如上所述，朗格多克省的各项开支都非常浩大，但该省的事务却井井有条，它的信誉也很好。甚至中央政府都经常向它求助，并以省的名义向它借钱，其条件比向自己省里的人贷款还优越。我发现，在最后若干年里朗格多克省以自己的名义担保借给国王的钱就高达7320万里弗。

然而政府及其大臣们并不看好这些特殊的自由。黎世留先是破坏了它们，然后将其废除。懦弱而游手好闲的路易十三本来就没有什么爱好，因而对此十分憎恨。据布兰维利埃说，他对外省的所有特权都极度恐惧，只要听到人们提起这个词就怒火冲天。人们永远都无法想象当弱者憎恨被迫去做很费力的事情时，他们有多么愤怒。他们仅剩的阳刚之气都用在了这里。这些弱者在这种场合显得几乎总是很强壮，尽管他们在别的方面软弱无能。幸运的是，朗格多克省的旧制度在路易十四的童年时期就得以重建。路易十四将此旧制度视作自己的作品并对它百般尊重。路易十五期间，此制度中断了两年，但后来又得以复兴。

旧政体为设置的市政职务所冒的风险不那么直接，但是也不小。这项可恶的制度最终不仅仅摧毁了城市的政治结构，还有改变省级政体结构的趋势。我不知道省议会的第三等级代表以前是否通过选举产生的，但是很久以来已经不再是这样了。省议会当中城市的市政官员理所当然地是资产阶级和平民的代表。

当所有城市通过普选并在很短时间内自由地选出他们的行政官的时候，这种为一时利益而设立特殊职位的现象的消失就不为人们所注意了。市长、领事或村民代表在三级会议里就同样代表了民众的意愿，并以全体人民的名义讲话，好像他是由全体人民专门选出来似的。我们知道，他们与那些花钱购买统治其同胞的权利的人是完全不同的，后者只代表他自己，或他的小集团的小利益和狭隘情感。然而人们却让这种行政官保留通过普选产生的行政官的权利，这就立刻改变了政体的全部特性。省议会中坐在贵族和教士身旁和对面的不再是人民代表，而只是几个既腼腆又无能的孤立的有产者。第三等级在政府当中的地位变得越来越不重要，尽管与此同时变得越来越富有，在社会中的势力越来越强大。朗格多克省的情况却不同，每当国王设立新的职位，他们就积极向国王购回。朗格多克省为买职位欠下的贷款仅1773年就高达四百多万里弗。

还有一些原因更有说服力，它们促使新思想渗透到古老制度中，并使朗格多克省的三级会议较之其他各省具有无可争议的优越性。

朗格多克省和法国南方的大部分地区一样，军役税是实物性的而非个人的，也就是说它是按照财产的价值而不是按照所有者的社会地位征收的。该省也确实有一些土地享有免交军役税的特权，这些土地过去都为贵族所有。但是随着时代和工业的进步，这些财产部分落入平民的手中，此外，贵族拥有的财产中，有许多都需要缴纳军役税。特权就这样从人转到物，因而毫无疑问变得更加荒谬。但是这种现象很少被人察觉，因为它虽然使人感到不舒服，却不再使人感到耻辱。由于这种特权不再与阶级的观念有必然联系，便也不再为任何一个阶级创造与其他阶级的利益截然不同或完全相反的利益，所有阶级都共同地关心政府。朗格多克省与其他省情况不同，各个阶级都参政，他们在政府中的地位也完全平等。

在布列塔尼，所有贵族都可以个人名义参加三级会议，这就常常使得三级会议变得像波兰的议会。在朗格多克省，贵族只以代表的身份参加三级会议，他们在三级会议当中拥有二十三个席位，该省的二十三名主教代表教士阶级出席会议。特别应该注意的是，城市在议会中的席位同教士和贵族加在一起的席位相同。

由于朗格多克省与众不同，是按照人头而非按照等级的顺序进行评议，因而三级会议在其中具有举足轻重的作用。渐渐的，它将自己阶层的独特精神渗透到议会的整个团体当中。此外，三位行政官兼行会总理事以三级会议的名义负责管理日常事务，而这三位行政官通常是法律界人士，也就是说，是平民。贵族有能力维持自己的地位，却不够强大，无法独自统治。至于教士，尽管其成员都是贵族，在三级会议当中却与第三等级相处得很好，积极地参与到他们的大部分项目中。他们与第三等级的步调一致，为促进所有公民的物质繁荣、加快商业和工业的发展而共同努力，因而以他们丰富的人文知识和处理事务时罕见的灵活为第三等级服务。被派往凡尔赛宫与大臣们讨论那些引起王权和三级会议冲突的争议性问题的人往往是教士。可以说在整个18世纪朗格多克省是由有产者统治的，贵族只是起监督作用，教士则起辅助作用。

正因为朗格多克省有这种独特的政体结构，所以新时代的精神才得以顺利地渗透到这种古老的制度中，并不加破坏地改变旧制度的一切。

其他各省本来也可以像朗格多克省这样，如果各地的公爵除了称王称霸之外还想做点别的事情的话，那么他们只要再坚持不懈多付出一点努力去废除或改造省三级会议，就足以按朗格多克省的办法完善三级会议，并使之适应现代文明的种种需要。